HEYNE <

RENÉ ZEYER

BANK, BANKER, BANKROTT

STORYS AUS DER WELT DER ABZOCKER

WILHELM HEYNE VERLAG
MÜNCHEN

FSC
Mix
Produktgruppe aus vorbildlich bewirtschafteten Wäldern und anderen kontrollierten Herkünften
Zert.-Nr. SGS-COC-1940

Verlagsgruppe Random House FSC-DEU-0100
Das FSC-zertifizierte Papier *Holmen Book Cream* für dieses Buch
liefert Holmen Paper, Hallstavik, Schweden.

Taschenbucherstausgabe 04/2010

Der Wilhelm Heyne Verlag, München,
ist ein Verlag der Verlagsgruppe Random House GmbH
Printed in Germany 2010
Umschlaggestaltung und Motiv:
Hauptmann und Kompanie Werbeagentur, Zürich,
nach einer Vorlage von Andreas Zollinger, Zürich
Druck und Bindung: GGP Media GmbH, Pößneck
Printed in Germany 2010

ISBN 978-3-453-60149-9
www.heyne.de

Dank an Herrn C. in B.
mit dem Blick fürs Wesentliche

Eins

Philipp Kuster ist unglücklich. Dabei hätte er eigentlich keinen Grund dazu. Als Berater von Privatkunden bei der Schweizer Kreditunion geht es ihm blendend. Nun gut, ewig die «Juwelenhalle», das kann schon mit der Zeit eintönig werden, und das letzte Mal war die Rösti wieder dermaßen schwarz, dass er dezent mit dem Messer die ganze obere Schicht abkratzen musste. Aber an solch kleine Unpässlichkeiten hat sich Kuster gewöhnt.

Außerdem sitzt er im Moment ganz entspannt in seinem Loft und überblickt gelassen die gesamten hundertachtzig Quadratmeter Lebensraum, die er sein Eigen nennen kann. Dennoch ist er unglücklich. Durch die Fensterfront schaut er auf das dezente Funkeln der Lichter am Zürichsee, mit einem dezenten Schnippen seiner Finger dimmt er die Beleuchtung noch etwas weiter runter. Klare Linien, kein Firlefanz, Bauhaus, das ist sein Stil, das mag er. Aber auch im Dämmerlicht wird sein Blick immer wieder von diesem Biedermeiersekretär angezogen, der mitten im Raum steht. Seit heute. Kuster seufzt und erhebt sich vom De-Sede-Sofa, schwarzes Leder, kubisch, perfekt, Bauhaus.

Mit nackten Füßen tappt er über den dunkelgrauen Marmorboden, angenehm temperiert durch die Bodenheizung. Ausgerechnet ein Biedermeiersekretär. Leicht zerkratzt, besprenkelt mit Tintenflecken, unangenehm dunkelbraun. Kuster hasst Dunkelbraun.

Außerdem braucht er gar keinen Sekretär, und schon gar nicht diesen. Aber Wladimir, bisherige Einlagen über zweihundertfünfzig Millionen, zeigte sich gewillt, möglicherweise nochmals vierzig Millionen nachzuschieben. Damit hätte Kuster bereits im Mai sein Jahressoll erfüllt, der Bonus für nächstes Jahr wäre bereits gesichert, genial. Aber Wladimir wollte unbedingt von Zürich aus noch schnell einen Abstecher nach Brüssel machen, wieder zu diesem Händler für antike Möbel, bei dem sich Wladimir schon mit einem Empire-Salon für sein Haus in St. Petersburg eingedeckt hatte.

Kein Problem, Kuster flog mit Wladimir nach Brüssel, der ließ sich ein grauenhaftes Barockensemble mit Goldverzierungen aufschwatzen, für schlappe dreihundertfünfzigtausend Euro, aber dafür soll angeblich Ludwig XIV. einmal sein königliches Hinterteil darauf platziert haben. Kuster wollte schon aufatmen und der Tür zustreben, als ihn der Händler stoppte: «Und Sie, dürfte ich Ihre Aufmerksamkeit auf diesen wunderbaren Sekretär lenken?»

Kuster wollte schon sagen: «Vielen Dank, aber der sieht ja grauenhaft aus», als er den aufmunternden Blick von Wladimir bemerkte.

«Wunderbares Stück», sagte Wladimir, «ist doch genau das Richtige für einen Banker», und dann ließ Wladimir krachend seine Hand auf Kusters Schulter fallen. Ausgerechnet in dem Moment, als Kuster vorsichtig fragen wollte: «Wie viel?» Stattdessen ging er leicht in die Knie, zerrte ein begeistertes Lächeln auf sein Gesicht und sagte: «Gekauft.»

Wladimir nickte anerkennend, und Kuster schluckte leicht, als er seine persönliche Kreditkarte auf die Rechnung legte: fünfzehntausend Euro. «Ein Kleinod», sagte der Verkäufer, «braucht vielleicht etwas Auffrischung, aber ein ganz seltenes Stück, darf ich es Ihnen zusenden lassen?»

«Natürlich», sagte Kuster und wurde nochmals um fünftausend Euro erleichtert.

Und heute war das Kleinod geliefert worden. Und verschandelt seither Kusters Loft. Und Wladimir hatte heute angerufen und gesagt, dass er sich das mit den vierzig Millionen doch noch mal überlegen würde, vielleicht nächstes Jahr. Seither ist Kuster unglücklich. Aber dann fällt sein Blick auf das offene Cheminée in der Mitte seines Loft. Und da kommt Kuster plötzlich eine Idee.

Zwei

Franz Tobler hat ein Problem. Schlimmer noch: Das Problem hat nichts mit Zahlen zu tun. Also eigentlich schon, aber dann doch wieder nicht. Denn Toblers Universum besteht aus Zahlen, US-GAAP, GAAP FER, Bilanz, Testat, Accounting, Stichproben, das ist seine Welt. Rundungsdifferenzen, stille Reserven, Goodwill, «Wir bestätigen hiermit, dass die uns vorgelegte Bilanz ...», Stempel, Unterschrift, nächster Kunde. So mag es Tobler, korrekt vom Scheitel über seinen dunkelgrauen Anzug bis zu seinen bequemen, dunkelbraunen Gesundheitsschuhen. «Tobler, Sie sind wirklich ein Zahlenfresser», hatte Spörri gerade letzte Woche wieder zu ihm gesagt, «auf Sie können wir zählen», und dann hatte Spörri gelacht, und obwohl Tobler den Scherz nicht ganz verstanden hatte, hatte er natürlich pflichtschuldig mitgelacht.

Aber bevor er Spörri hatte fragen können – es schien ihm eine gute Gelegenheit zu sein, ob Spörri vielleicht schon dazu gekommen sei, sein längst überfälliges Upgrading in die Wege zu leiten –, hatte Spörri auf seinen Blackberry gestarrt, «Herrje, das Meeting» gemurmelt und war verschwunden.

Und jetzt hat Tobler auch noch ein Problem. Ausgerechnet bei seinem größten Kunden. «Tobler, ich vertraue Ihnen den Vetterli-Account an», hatte Spörri vor zwei Wochen zu ihm gesagt, «das ist doch das Richtige für unseren Zahlenfresser, das pressiert nämlich.»

Also saß Tobler schon um halb sieben und nicht erst um sieben an seinem Arbeitsplatz, verließ ihn erst um halb zehn statt um neun wie gewöhnlich, und hatte sich durch die Bilanz von Vetterli gefressen. Und herausgefunden: Der große Vetterli war pleite. Wie der CFO von Vetterli diese Bilanz hatte unterschreiben können, war Tobler schleierhaft. Aber das war ja nicht sein Problem, dachte Tobler.

Bis zu dem vorgestrigen Gespräch. Da war er nämlich zu Spörri gegangen, nachdem der auf seine dringenden Terminbitten nicht reagiert hatte, hatte sich an dessen Sekretärin vorbeigeschlängelt und sogar Spörris ungnädigem Blick widerstanden.

«Das muss jetzt aber sehr wichtig sein», hatte Spörri gesagt, «haben Sie sich etwa verrechnet?»

Aber diesmal hatte Tobler nicht pflichtschuldig mitgelacht, sondern gesagt: «Vetterli muss die Bücher deponieren.»

Da hatte Spörri sogar seinen Blackberry aus der Hand gelegt, ihn entgeistert angestarrt und gefragt: «Das ist doch wohl ein Scherz, lieber Tobler? Vetterli ist ein ganz Großer, und wie Sie wissen, einer unserer größten Kunden, der allein generiert fast dreißig Prozent für uns.»

«Vetterli ist pleite», hatte Tobler störrisch geantwortet, «ich kann Ihnen gerne zeigen, wo ...»

Aber Spörri hatte ihn nicht ausreden lassen, sondern mit schneidender Stimme gesagt: «Tobler, jetzt tun Sie nicht so blöd, kann sein, dass Vetterli vielleicht im Moment etwas unter Druck ist, aber wer ist das heute nicht.» Tobler wollte protestieren, aber Spörri schnitt ihm wieder das Wort ab: «Schauen Sie, Tobler, ich habe jetzt gleich ein wichtiges Meeting, also machen wir es kurz: Wenn wir Vetterli nicht testieren, dann macht das ein anderer, das ist doch ganz klar. Also machen Sie eine interne Aktennotiz für Vetterli, wenn es denn unbedingt sein muss, und testieren Sie, das kommt schon gut.» – «Ja, aber», hatte Tobler noch gesagt, aber Spörri war schon aufgestanden, hatte mit seinem Blackberry gewedelt und auf dem Weg zur Tür gesagt: «Nichts aber, Tobler, wir wollen doch nicht beide bereuen, dass ich Ihnen den Vetterli gegeben habe, klar?»

Nach der Pleite von Vetterli hatte Tobler nur noch eine einzige Mail von Spörri bekommen. «Müssen Sie leider ab heute freistellen, Ihr Badge ist gesperrt. Mehr folgt.» Spörri liebte es, auf seinem Blackberry eine Mail so kurz und knackig wie möglich zu formulieren.

Drei

«Also eins ist klar: Mein Büro gebe ich nicht auf.» Philipp Kuster war bekannt dafür, dass er glasklare Prioritäten setzen konnte. Und das war nun genau so ein Fall. Die Gerüchteküche war schon lange am Brodeln gewesen, und an diesem Morgen um neun hatte der Vorstand die Katze aus dem Sack gelassen. Fusion. Synergien, Vereinheitlichung der IT, Straffung des Backoffice.

Und da war doch Müller bleich bei ihm erschienen, ausgerechnet Müller, der eigentlich nichts anderes zu tun hatte, als die Charts zu beobachten, ihn mit ein paar Eckdaten für die Kundengespräche aufzudatieren, Blumensträuße für Gattinnen und Montecristos für Herren zu besorgen. Kuster schüttelt in der Erinnerung noch mal den Kopf.

«Sagen Sie, Philipp», hatte Müller gefragt, denn seit irgend so einem dämlichen HR-Seminar war man übereingekommen, sich per Sie und mit Vornamen anzureden, «bedeutet das für mich, dass meine Stelle gefährdet ist?»

«Belästigen Sie mich doch nicht mit so einem Kleinscheiß, Müller», hatte Kuster gebrüllt, denn das mit den Vornamen hatte er schon immer für eine blödsinnige Idee gehalten, «ich habe hier ganz andere Probleme.» Müller war wie ein geprügelter Hund wieder abgeschlichen, und Kuster hatte sich eine kleine Notiz auf seinem Blackberry gemacht: Müller fliegt als Erster.

Natürlich bedeutete die Fusion, dass das Backoffice gnadenlos ausgeräumt würde, und natürlich würden die wenigen Überlebenden disloziert, da gab es doch diese ganzen schönen neuen Büroräume in Zürich-Oerlikon, Großraum natürlich. Falls man Hühner so halten würde, stünde längst der Tierschutz auf den Barrikaden, sagte sich Kuster immer. Aber was interessierten ihn die Probleme seines Scheiß-Backoffice, und Müller würde sich darüber sowieso nicht den Kopf zerbrechen müssen.

Nein, in solchen Situationen musste man kühlen Kopf bewahren, Prioritäten setzen, das wusste Kuster. Und seine Priorität war eindeutig: Mich kriegt man von der Bahnhofstraße nicht weg. Ausgeschlossen. Gab es in Oerlikon etwa einen Sprüngli? Einen gut bestückten Kleiderladen von Armani bis Zegna? Eine «Juwelenhalle» zum Feiern? Würde sein persönlicher Masseur bis dorthin in die Pampa fahren, um ihm weiterhin jeden zweiten Tag eine viertelstündige Nackenmassage zu verabreichen? Und überhaupt: Sich jeden Abend durch den Stoßverkehr quer durch die Stadt bis an die Goldküste quälen? Und wirklich: Wo sollte man da anständig zu Mittag essen? Vielleicht bei McDonald's? Schon beim Gedanken schüttelte es Kuster kräftig durch.

Da musste gehandelt werden, aber sofort. «Keine Anrufe, nicht einmal von Wladimir», sagte Kuster kurz angebunden zu seiner Sekretärin, und dann setzte er sich an seinen Computer. «Betreff: Fusion», legte er los, «lieber Franz», ist doch gut, wenn man mit dem CEO seit dem letzten Ausflug zum Schlittenhunderennen in Alaska per Du ist, dachte Kuster wieder mal, «gratuliere zu diesem starken und richtigen Entscheid.» Kuster überlegte, ob er noch mehr Honig tröpfeln lassen sollte, aber dann entschied er sich: Prioritäten setzen, und fuhr fort: «Darf davon ausgehen, dass mein persönliches Büro von diesem Entscheid nicht tangiert wird, Du weißt, Kundenempfang, präsentieren, Cachet. Mal wieder auf eine Cohiba? Gruß, Philipp.»

Kuster setzte noch bei Cc «alle.Vorstand» ein, sicher ist sicher, dachte er, und drückte auf die Send-Taste. So macht man das, sagte sich Kuster, knapp, militärisch, so mochte es Franz.

Fünf Minuten später bimmelte sein Mail-Eingang: «Lieber Philipp, Dein Büro wird nicht tangiert. Du schon, denn Du wirst – nur vorläufig – ins Backoffice versetzt. Genaue Koordinaten Deines neuen Arbeitsplatzes in Oerlikon folgen. Im Moment keine Zeit für eine Cohiba. Gruß, Franz.»

Vier

Walter Meier wurde den dumpfen Verdacht nicht los, dass er auf ein Abstellgleis eingebogen war. Okay, beim IPO war einiges schiefgelaufen, aber eigentlich nicht seine Schuld, dass die Aktie schon am Eröffnungstag in den Keller gerauscht war, kann ja mal passieren. War auch nicht seine Schuld, dass die Private Banker diesen Schrott einigen guten Kunden ins Portefeuille geschummelt hatten, als Geheimtipp, etwas risikoreich, aber eigentlich ein todsicherer Winner. Okay, das hatten einige Kunden, die sich blöderweise auch noch regelmäßig für ihre Performance interessierten, überhaupt nicht komisch gefunden.

Wie auch immer, zwei Tage später war Walter Meier zum Head Restrukturierungen ernannt worden. «Super Challenge», hatte ihm GL-Mitglied Burger noch gönnerhaft Puderzucker hinten reingeblasen, «Riesenpotenzial, wird ein Profit-Center, wie gemacht für einen Mann mit deiner Erfahrung. Wir haben auch ein A-Team für dich zusammengestellt.»

Verarschen kann ich mich selber, hatte Meier bitter gedacht, als er die Mitglieder seines A-Teams begutachtete. Drei ausgebrannte Loser, dazu lediglich Zugriff auf den Sekretärinnen-Pool, kein Spesenkonto – und am schlimmsten: Es gab gar nichts zu restrukturieren. Keinen Fall, keine notleidende Firma, einfach nichts. Bis einer der drei Loser dann die Schreinerei Rüdisühli in Pfäffikon anschleppte. Drei-Mann-Betrieb, Mann schreinert, Frau besorgt das Büro, ein Lehrling. Notleidender Geschäftskredit, miese Performance, eigentlich ein klarer Fall: Stecker rausziehen. Aber aus purer Verzweiflung warf sich Meier höchstpersönlich auf die Schreinerei Rüdisühli. Da konnten die drei Loser wenigstens mal was lernen. Zweimal wöchentlich Besuche in Pfäffikon, Meier lehrte Frau Rüdisühli, wie man eine Standardkostenrechnung einführt, brachte ihr die professionelle Gestaltung der Debitorenbuchhaltung bei, und bald waren beide Rüdisühlis völlig damit ausgelastet, Meier wöchentlich eine Zwischenbilanz und Erfolgsrechnung samt Kapitalflussrechnung zu erstellen, die Kurz- und Mittelfristplanung zu updaten und einen kurzen, schriftlichen Geschäftsbericht zu verfassen.

Zudem hatte Meier dafür gesorgt, dass als erste Restrukturierungsmaßnahme der Lehrling entlassen worden war. «Es braucht einen harten Schnitt, wenn es wieder aufwärtsgehen soll», hatte Meier markig verkündet, «wo gehobelt wird, fallen Späne, he, he», und dann hatte er sich noch gewundert, wieso die Rüdisühlis nicht in sein Lachen eingestimmt hatten. Auf jeden Fall kam der Schreiner nicht mehr zum Schreinern, aber der Restrukturierungsprozess war in vollem Gang.

Wäre doch gelacht, wenn wir das nicht hinbiegen würden, sagte Meier nun an jeder Sitzung mit seinen drei Losern, endlich konnte die extra bestellte Sekretärin ein Protokoll führen, mit Traktanden, Verabschiedung des vorherigen Protokolls, Pendenzen, Arbeitsbericht und allen Schikanen.

Auch auf einem Abstellgleis kann man noch sinnvolle Arbeit leisten, sagte sich Meier befriedigt, ein Könner kann's halt auch im Kleinen. Er diktierte der Sekretärin gerade den üblichen Text fürs Protokoll, «Restrukturierung Schreinerei Rüdisühli auf gutem Weg, eingeleitete Maßnahmen zeigen Wirkung, Turnaround erfolgreich eingeleitet, Kapitalflussrechnung belegt, dass …», als er die Wortmeldung eines der drei Loser nicht länger ignorieren konnte.

«Das muss jetzt aber verdammt wichtig sein», sagte Meier ungnädig, «aber sicherlich hat es auch Zeit bis zur morgigen Sitzung. Oder noch besser: Schreiben Sie ein Memo, ich bin jetzt gerade schön in Fahrt.»

Aber der Loser gab nicht klein bei, sondern sagte: «Ich wollte nur zur Kenntnis bringen, dass die Schreinerei Rüdisühli gestern die Bücher deponiert hat, Konkurs.»

Fünf

Philipp Kuster ist ratlos. Das passiert ihm nicht allzu häufig, und nie vor Kunden, aber diesmal ist er wirklich ratlos. Diese verdammte Fusion, denkt Kuster ein ums andere Mal. Immerhin hatte man sein Gehalt nicht angetastet, aber dieser Abstieg, weg von der Bahnhofstraße, raus nach Oerlikon. Bitter. Und an alle möglichen Folgen hatte Kuster gedacht, nur nicht an diese. Denn das war vorher kein Problem gewesen. Jetzt aber schon. Welchen neuen Anzug sollte er sich kaufen? Vorher war Kuster ganz klar ein Brioni-Mann gewesen, schon bevor das durch diese Scheiß-Bond-Filme allgemein im Schwange war. Brioni für den Tag, für lockereres Socializing am Abend auch mal einen Versace, aber natürlich nur Sachen, die nicht zu schwul wirkten.

Aber jetzt? Versetzt in die Strafkolonie nach Oerlikon, ins Backoffice, wie sollte Kuster da anzugsmäßig reagieren? Trotzig weiterhin Brioni? Aber wenn man ihm das als Arroganz auslegen würde? Er konnte schon die hämische Bemerkung von Müller hören, der leider die Fusion auch überlebt hatte: «Schaut mal, Brioni, Kuster meint wohl, er säße immer noch an der Bahnhofstraße.»

Peinlich. Also runter auf Boss? Niemals, das tragen ja alle frischgebackenen Absolventen der HSG schon. Unmöglich. Armani? Schon etwas besser, aber eigentlich langsam etwas zu jugendlich für

Kuster, außerdem mochte er den Stil nicht besonders. Kuster seufzt tief. Cerruti dann? Wirkt wieder etwas abgehoben, tragen nicht viele. Scheiße, denkt Kuster, vielleicht hätte ich doch lieber kündigen sollen, als diesen Schlag einfach hinzunehmen. Windsor, Navyboot? Kuster schüttelt es leicht, die Revers sind zwar immerhin nicht geklebt, aber dennoch, man kann ja nicht einmal mehr die Ärmel knöpfen, kommt nicht in Frage. Also doch vielleicht Versace? Tagsüber? Geht nicht, zu schwul, keine Chance. Oder ganz umorientieren, wie wäre es denn mit Dior oder YSL? Da könnte ich mir ja auch in der Savile Row ein englisches Jackett mit Rosshaarfüllung basteln lassen, denkt Kuster, das kann es ja auch nicht sein.

Trübsinnig schlendert er die Bahnhofstraße hinunter. «Wichtiger Termin», hatte er in Oerlikon gesagt, solche Freiheiten nimmt er sich, das muss schon sein. Plötzlich bleibt Kuster stehen, schaut ins Schaufenster, denkt: Aber hallo, ist ja eigentlich gar nicht so schlecht. Verschämt blickt er sich um, schleicht in den Laden und ersteht einen dunkelgrauen und einen schwarzen Einreiher, will an der Kasse seine Kreditkarte zücken, aber als er den Gesamtbetrag sieht, kichert er leise und legt eine Fünfhunderternote auf die Theke. «Stimmt so», sagt er großzügig, und dem gepiercten H & M-Kassierer fällt fast der Unterkiefer runter.

Frohgemut eilt Kuster nach Hause in sein Loft. Nach kurzem Suchen findet er endlich das Gewünschte, trennt leicht schwitzend sämtliche Labels aus den beiden Anzügen, holt sich seine beiden ältesten Brionis und zupft auch dort die Labels raus, um sie in die beiden neuen Stücke reinzuwerkeln. «Geschafft», sagt Kuster triumphierend, «so geht das.»

Gleich am nächsten Morgen betritt er siegessicher sein neues Großraumbüro in Oerlikon, in seinem neuen Dunkelgrauen. Er entledigt sich seines Jacketts, faltet es über seine Stuhllehne und überlegt sich gerade den aufmunternden Spruch zum Tage, als ihn Müller aus seinen Gedankengängen reißt: «Sagen Sie mal, den haben Sie sich doch gestern bei H & M gekauft, oder? Ich wollte da gerade meine Freundin abholen, da sah ich Sie an der Kasse.»

Bevor Kuster eine Antwort einfällt, bemerkt er, wie Müller mit großen Augen auf das Label starrt. Mit einer ungeschickten Bewegung hatte Kuster das Innenleben seines Jacketts freigelegt. In diesem Moment möchte Kuster zum ersten Mal in seinem Leben am liebsten sterben.

Sechs

«Wir haben entschieden, dich von deinen bisherigen Aufgaben zu entbinden», sagte Anwand förmlich, und der neben ihm sitzende Hausjurist machte ein seriöses Gesicht dazu. «Wir bieten dir die Möglichkeit, selbst die Kündigung einzureichen. In diesem Fall würden wir dir gerne eine Übergangsentschädigung in der Höhe eines halben Jahresgehaltes offerieren.»

«Ohne Anerkennung irgendwelcher bindenden Verpflichtungen natürlich», fügte der Hausjurist hinzu, denn für tausend Franken pro Stunde wollte er doch auch mal was gesagt haben.

«Wir hätten hier ein entsprechendes Papier vorbereitet, wenn du es noch kurz durchlesen möchtest, bevor du unterzeichnest, ich kann dir aber in alter Freundschaft versichern, dass da keine Fußangeln oder dummen Tricks drin sind.»

«Überhaupt keine Fußangeln», fügte der Hausjurist hinzu, dafür schrieb er eine Extrastunde auf.

Franz Gygax schaute einen Moment amüsiert auf das Papier, ignorierte den Kugelschreiber, den ihm Anwand entgegenhielt, nahm dann den Vertrag und beförderte ihn schwungvoll in den Papierkorb aus Elefantenhaut, denn Anwand war Großwildjäger und hier in seinem Privatbüro sah das eigentlich niemand.

«Das ist the best offer, mehr …», begann der Hausjurist, aber Franz Gygax schnitt ihm das Wort ab: «Jetzt sage ich euch mal, was die only offer ist, meine Herren. Ich kriege eine steuerneutrale Abfindung in der Höhe von 5 Millionen, für zehn Jahre Büro und Sekretärin, dazu für ebenfalls zehn Jahre weiterhin mein normales Gehalt, selbstverständlich inklusive Bonus. Dann, und nur dann, bin ich bereit, einer Pressemitteilung zuzustimmen, dass ich mich aufgrund meiner langjährigen Erfahrung in Abstimmung mit der GL dazu bereit erklärt habe, meine operative Funktion aufzugeben und zukünftig beratend für besondere Aufgaben wie Business Development zur Verfügung zu stehen.»

«So eine Unverschämtheit», zischte Anwand, «das kann ja wohl nicht dein Ernst sein, Franz, nimm bitte wieder Kontakt mit der Realität auf. Wenn ich mich wirklich mit aller Macht ins Zeug lege, kann ich vielleicht eine Abfindung von einem Jahresgehalt rausschlagen, und steuerlich ließe sich da sicher etwas machen, aber das ist das oberste Ende der Fahnenstange, und das tue ich auch nur aus alter Freundschaft.»

«Und ohne Anerkennung bindender Verpflichtungen und unter der Voraussetzung, dass die GL dieser mehr als großzügigen Lösung auch zustimmt, und nur wenn eine in unserem Sinne verfasste Kündigung vorab eingeht», fügte der Hausjurist hinzu, der damit seine Parkuhr um eine Stunde nach vorne schob.

«Ihr verschwendet meine Zeit, meine Herren», sagte Gygax arschkalt, «und meine Zeit ist Gold wert. Damit ihr das auch endlich merkt: Jetzt sind es sechs Millionen Abfindung, wenn ihr noch mal eine Ehrenrunde drehen wollt, werden es dann acht.»

«Aber verdammt noch mal», explodierte Anwand, «durch deine Fehlspekulation und das Überfahren aller Rotlichter hast du uns einen Schaden von rund fünfzig Millionen verursacht, du kannst doch nicht erwarten, dass wir das auch noch vergolden.»

«Doch», sagte Gygax, «oder wollt ihr etwa unseren geschätzten Kunden sagen, dass in dieser Bank einfach mal so fünfzig Tonnen ihres Vermögens in die Luft geblasen wurden? Ohne dass es jemand gemerkt hat? Wisst ihr, wie viele der geschätzten Kunden dann fluchtartig die Bank verlassen würden? Die fünfzig Tonnen habt ihr doch schon still und leise wieder aufgefüllt, jetzt müsst ihr nur noch mich ruhigstellen, und alle sind fröhlich und zufrieden.»

«Wir könnten dich auch anzeigen», giftete Anwand, «juristisch belangen», übersetzte der Hausjurist.

«Das würde ich einen sauberen Schuss ins eigene Knie nennen», grinste Gygax, stand auf und verließ den Raum.

Schon am Nachmittag wurde ihm per Boten der Vertrag zugestellt, Gygax studierte ihn aufmerksam, besonders die Vertraulichkeitserklärung und die Schweigepflichtklauseln, lächelte und unterzeichnete.

Sieben

Philipp Kuster ist stinksauer. Das ist ja langsam kein Leben mehr, sinniert er finster. Zuerst die Versetzung samt Großraumbüro. Seither muss er für jeden Kundenkontakt zuerst ein Sitzungszimmer im Hauptsitz an der Bahnhofstraße reservieren. Und die schadenfrohen Blicke der Glücklichen ertragen, die ihr Büro erfolgreich verteidigt haben.

Und jetzt noch das. Früher hatte der Satz «Ich muss mich mal in London von unserem Research-Team updaten lassen» für ein flottes Wochenende in Cool Britain gereicht. Kuster konnte ja auch nichts dafür, dass nur ein Termin am späten Freitagnachmittag möglich war, open end versteht sich, daher Rückflug to be changed. Natürlich hat er immer versucht, noch den letzten Flieger am Freitag zu schaffen, aber so ein Update braucht Zeit, wenn man es seriös angeht, und irgendwann kam dann auch Hunger auf, und das «St. Alban» im «Rex House» war ihm langsam ans Herz gewachsen, dann ein Absackerchen in der «Absolut Ice Bar», dann ab ins «Grange City Hotel», und eigentlich hatte Kuster ja noch Spesen gespart, wenn er gleich den Wochenendtarif benützte und erst am Montagmorgen zurückflog. So war das immer gewesen, und es gab eigentlich keinen Grund, wieso das nicht immer so bleiben sollte.

Einen Grund gab es weiterhin nicht, aber ein Hindernis. Wie meist im Leben kündigte sich dieses Hindernis harmlos als E-Mail an: «Grüezi, mein Name ist Peter Hofer, ich bin als Controller direkt dem CFO Private Banking unterstellt und freue mich auf eine angenehme Zusammenarbeit.»

Noch so ein überflüssiger Sesselfurzer, hatte Kuster gedacht und die Mail gelöscht. Aber wenige Tage später meldete sich der Sesselfurzer schon wieder: «Grüezi Philipp, ich würde gerne mit Ihnen einige Punkte betreffend Update-Spesen besprechen, freue mich darauf, Sie übermorgen um 9.00 h persönlich kennenzulernen, Sitzungszimmer 24.3 an der Bahnhofstraße ist reserviert.»

Was meint der Wichser eigentlich, fluchte Kuster, drückte auf den Antwort-Button, setzte cc den CEO und den CFO ein und legte los: «Grüezi Peter, habe leider keine Zeit für solche Peanuts, bin gerade dabei, 20 Mio. Neuanlage reinzuholen, besprechen Sie Ihre Punkte doch mit meinem Assistenten. Gruß, Philipp Kuster, Executive Director Private Banking»

Soll sich mal an die Kleiderordnung hier gewöhnen, triumphierte Kuster. Allerdings nur haargenau fünf Minuten lang. Dann bimmelten gleich zwei neue Mails in seinem Eingang: «Lieber Philipp, halte Dich an die Kleiderordnung und lass mich da raus. Gruß, Bürgisser, CEO»

«Lieber Philipp, bin gelinde gesagt erstaunt über Deine Reaktion. Zähle auf Deine Kooperation. Best, Meier, CFO.»

Kuster war nicht weiter überrascht, als ihm dann Controller Hofer bei der Sitzung eröffnete, dass sein Bemühen, immer updated zu sein, sehr geschätzt werde. Noch mehr werde das in Zukunft allerdings geschätzt, wenn er das bequem, einfach und jederzeit per Videokonferenz abhandelte, alles klar?

Kuster war wie ein geprügelter Hund nach Oerlikon zurückgeschlichen. Das ist kein Leben mehr, wiederholte er finster. Oder doch? Deutlich belebt griff er zum Telefonhörer und bimmelte Nicole Mänzi an, zuständig für Organisatorisches in Sachen Kundenpflege.

«Salü Nicole», flötete Kuster, «wie geht's, wie steht's? Super, schau, bin leider im Druck, ja, wie immer, he, he, aber organisieren Sie doch mal einen Ausflug nach London, Galeriebesuch, Limousinenservice, Dinner im ‹St. Alban›, zwei Suiten im ‹Grange›. Verlängertes Wochenende, KW 27. Kostenstelle UHNWI. Danke und tschüss.» So, nun musste Kuster nur noch ein Ultra High Net Worth Individual finden, das er einladen konnte. Aber das sollte zu schaffen sein. Hofer, du Pfeifen-Controller, sagte sich Kuster, dir hab ich's gezeigt, das mache ich jetzt mindestens einmal im Monat.

Acht

Arnold Rutishauser lockerte sich die Krawatte, plötzlich war ihm etwas warm geworden. Die Klimaanlage in seinem Büro funktionierte tadellos, daran lag es nicht. Aber an der Kapitalflussrechnung der Firma Walterhans. Da war schon vor drei Monaten Feuer im Dach gewesen, aber jetzt, konnte man nicht anders sehen, war das Dach eingestürzt. Rutishauser checkte kurz, ob die letzte Quartalsrechnung von Walterhans bezahlt war – doch, immerhin, damit waren wohl höchstens seine Bemühungen der letzten drei Monate für die Katz gewesen. So weit alles im gelben Bereich, wie Rutishauser zu sagen pflegte, aber da gab es noch ein klitzekleines Problem. Aber Rutishauser arbeitete schon lange genug im Accounting, als dass er nicht wüsste, wie man das lösen könnte.

Also stand Rutishauser auf, marschierte den langen Gang der Headquarters von Elmore, Little & Willis runter, öffnete mit seinem Badge die Lifttür und fuhr drei Stockwerke nach oben. 1200 Mitarbeiter, Tax, Accounting und Advisory, das übliche Angebot halt, alles aus einer Hand, worldwide, aber natürlich absolut wasserdicht mit Chinese Walls getrennt. Muss so sein, sonst könnte ja passieren, was genau in diesem Moment passierte, aber in Wirklichkeit passierte ja gar nichts.

Rutishauser klopfte kurz an die Tür, Executive Officer Advisory, Peter Sütterlin, MBA, stand in goldenen Lettern drauf, darum beneidete Rutishauser den Sütterlin schon lange. «Hallo Peter, mal Zeit für einen Kaffee? Nein, jetzt sofort.»

Peter schob einen Aktenstapel auf die Seite, die Sekretärin servierte zwei Kaffees, mit je einer Sprüngli-Truffe, auch darum beneidete ihn Rutishauser. «Ich mache es kurz», sagte er, «Stichwort Walterhans, Zwischenrechnung muss sofort raus, Zahlungstermin drei

Tage. Alles klar?» Genüsslich schob sich Rutishauser die Truffe in den Mund, während er die Reaktion von Sütterlin abwartete.

«Drei Tage, sagst du», fragte Sütterlin, «so schlimm?»

«Schlimmer», bekräftigte Rutishauser, «aber drei Tage kann ich's noch rausschieben.»

«Du hast einen gut bei mir», versicherte ihm Sütterlin, dann konsultierte er kurz seinen Computerbildschirm. «Du wirst dieses Jahr Partner, versprochen», sagte Sütterlin dann, «und schön, dass wir über den nächsten Firmenevent gesprochen haben.»

«Und über nichts anderes», grinste Rutishauser, schnappte sich noch Sütterlins Truffe und stand auf.

In meinem neuen Büro will ich dann aber frische Truffes du jour, dachte er, während er zu seiner Abteilung zurückmarschierte. Er blieb kurz vor seiner Bürotür stehen, um die Verzierung durch eine Inschrift in goldenen Buchstaben auf sich wirken zu lassen. Kriege dann sowieso ein Eckbüro, träumte sich Rutishauser in die Zukunft, je drei Fenster, endlich alles in USM, das wird großartig. Aber noch großartiger war, dass Rutishauser endlich an den großen Fleischtopf der Bonusausschüttungen rankam, denn der war selbstverständlich für Partner reserviert, die durch jahrelangen und aufopferungsvollen Einsatz für die Firma bewiesen hatten, dass sie dieser Ehre würdig waren. Rutishauser verbrachte den Rest des Tages damit, Autokataloge zu studieren.

Walterhans zahlte innert drei Tagen brav die gesamte Advisory-Fee, zwei Tage später musste die Firma die Bücher deponieren. Sechs Monate später war Rutishauser Partner, mit Eckbüro, USM, goldenen Lettern auf der Tür und täglich so vielen Truffes du jour, wie er wollte. Am Anfang hatte er noch Probleme, seinen neuen Siebener BMW im ersten Anlauf in die Parklücke zu kriegen.

Weitere sechs Monate später einigte sich Elmore, Little & Willis mit dem Nachlassverwalter von Walterhans darauf, stillschweigend und unter Vermeidung weiterer juristischer Auseinandersetzungen und inklusive eines silence agreements die Advisory-Fee in die Konkursmasse zurückzuführen. Drei Stunden später war Rutishauser seinen Badge, sein Eckbüro und seine Partnerschaft los. Am Ausgang wurde ihm auch noch die Tüte Truffes du jour abgenommen, die er eingepackt hatte, das schmerzte ihn am meisten.

Neun

Philipp Kuster lehnte sich befriedigt in seinem Sessel zurück. Er war wieder im Kommen, das spürte er deutlich. Gestern hatte er einen Vortrag vor dem Rotary-Club Glattbrugg gehalten. Gut, war nicht erste Liga, aber er hatte Corporate Communications damit beauftragen dürfen, ihm ein knackiges Manuskript zum Thema «Managerlöhne, und wer redet von der Verantwortung?» zu basteln. Hatte dann selbst noch Hand angelegt, besonders stolz war er auf seine Darstellung eines durchschnittlichen Arbeitstags. Mindestens 14 Stunden, meistens 16, auch mal 18, gedrängt voll mit Entscheidungen, Terminen, durchgeplant bis ins Letzte; einzig eine funktionierende Infrastruktur sorgt dafür, dass nur wichtige Telefonate von ihm geführt werden, fokussiert, entscheidungsorientiert. Dann die Meetings, seine Aufgabe, sie auf den Punkt zu führen, Entscheidungsbäume aufzubauen, alle wichtigen Faktoren zu berücksichtigen, dabei das Team motivierend zu führen, und dann, ohne spüren zu lassen, welche Konsequenzen es haben könnte, wenn er sich irrte, den Konsens herbeizuführen, die Entscheidung zu treffen, dafür zu sorgen, dass sie von allen mitgetragen wird, sofort implementiert, bei sich ändernden Rahmenbedingungen immer den Plan B aus der Tasche zu ziehen, dabei auch den human factor zu berücksichtigen, über Karrieren, Arbeitsplätze, die zukünftige strategische Aufstellung der Firma zu entscheiden, da muss man schon einen unbedingten Willen zur Leistung haben, hatte Kuster gesagt. Wer von den Kritikern angeblich überhöhter Managerlöhne dazu bereit ist, auch nur einen Tag in meinem Leben durchzustehen, der kann gerne probeweise meinen Job haben, hatte Kuster am Schluss ausgerufen, nur damit er sich dann von den anderen Kritikern noch als Abzocker beschimpfen lassen kann. Die haben doch wirklich keine Ahnung, hatte Kuster in den donnernden Applaus hineinjubiliert. Noch im Nachhinein genoss er die Welle der Sympathie, die ihm entgegengeschlagen war. Hörte die Ausrufe: «Endlich sagt's mal einer, wie es ist», «Die Kritiker haben doch keine Ahnung», «Wir steigern das Bruttosozialprodukt und werden noch dafür beschimpft», «Ohne uns ginge doch alles den Bach runter».

Kuster wippte in seinem Sessel wieder nach vorne, langsam reichte ihm die unsägliche PPP, mit der Meier vor versammeltem Core Team mal wieder den Beweis dafür antrat, dass Prognosen über Börsenentwicklungen eine schwierige Sache sind, vor allem, wenn sie sich auf die Zukunft beziehen. Mitten hinein in eine erschöpfende Darstellung einer algorithmisch berechneten Widerstandslinie fragte Kuster in die Runde: «Stimmt das eigentlich, dass Frick die Sekretärin in der Lohnbuchhaltung bumst?»

Meier verlor sofort das Interesse an seiner Widerstandslinie und sagte: «Confirmed, das ist eine erhärtete Tatsache.»

Allgemeines Gelächter, mitten hinein ein Zwischenruf: «Darauf sollte sich Frick aber nichts einbilden, die ist doch bekannt als Wanderpokal.»

Kuster wollte da auch nicht zurückstehen: «Wie ihre Buchhaltung ist, weiß ich nicht, was mich aber interessieren würde: Wie ist ihre Betthaltung?» Neuerliches Gewieher, da piepste plötzlich Kusters Blackberry.

«Hoppla, das muss ich jetzt nehmen», sagte Kuster, «ganz wichtiger Kunde, Meeting beendet, raus!» Die zehn Top-Analysten trollten sich, und Kuster flötete in seinen Blackberry: «Georg, hast wohl auch nichts Gescheites zu tun, du Kundenabzocker, aber hast ja Recht, der Tag ist zu schön, um im Büro zu versauern. Um halb drei auf dem Golfplatz, das schaffe ich, da hat's dann auch kein Gedränge vor dem zwölften Put, einmal durchspielen, und dann zu ‹Petermann's?› Super, diesmal nimmst du es auf deine Spesen, ich war letztes Mal dran, remember? Alles klar. Ach, sag mal, hast du den neuen Carrera endlich gekriegt? Immer noch Warteliste? Ja sagenhaft, es gibt einfach zu viele Manager, die viel zu viel verdienen. He, he, du mich auch, bis dann.»

Die haben wirklich alle keine Ahnung, sagte sich Kuster. Aber ich bin wieder im Kommen, und den Vortrag halte ich noch mal in Zürich, und wenn es bloß beim Lion's wäre.

Zehn

Das Problem ist doch ganz einfach, philosophierte Äbersold: Du kannst den typischen Bänkler oder gar einen Anlageberater nicht zusammenspannen mit einem Mathematiker. Ich meine, ich habe ja immerhin vier Semester Maturitätsschule Typus A in Ingenbohl auf dem Ticker und dann die Berufsmittelschule in Wetzikon, darum bin ich ja auch der Chef von dieser Bande von Analphabeten. Die ehemaligen Securitasler sind ja noch die besten, die können ja wenigstens noch die Stechuhr lesen. Aber nimm mal den Billeter mit seinen zwei Jahren Wohnungsvermittlung oder Schlatter mit seiner abverreckten Lehre als Lebensmittelchemiker bei der Maggi in Kemptthal. Ich meine, diesen Leuten bringst du einfach nicht bei, warum ein Put im Bankgeschäft nicht dasselbe bedeutet wie im «Dolder» oben. Manche können ja nicht mal einen Saucen-Fond von einem Finanz-Fonds unterscheiden.

Früher war das alles ganz einfach: Du machtest deine Lehre bei der Sparkasse Teufenthal, und zwar gründlich. Ein Jahr lang interne Post plus Nachschub vom Beck Hösli, drei Monate Büros aufräumen, drei Monate Akten sortieren, Schuldbriefe suchen, ein halbes Jahr Depotauszüge erstellen und tippen (weil der verdammte Univac wieder nicht lief) und den Rest am Schalter. Dann warst du reif für die Karriere, und wenn du beim Aufräumen des Safes nicht gleich die Hälfte mitlaufen ließest, war dir der Hilfsprokurist nach Rückkehr aus der Rekrutenschule garantiert. Ohne diese grundsolide Ausbildung war bei einer seriösen Großbank nichts zu holen, und alle älteren Kader sind noch durch diese Schmiede gegangen.

Warum die nach dem Fall Meili ganz wild sind gegen Securitasler, ist mir ein Rätsel. Dabei sind das noch die Besten. Die können ja noch ein paar Worte Englisch aus ihren Einsätzen bei der Street Parade und im Flughafen-Parkhaus. Aber bring mal einem ehemaligen Wegglibeck bei, was Collateralized Debt Obligation heißt oder Index Growth Linked Unit. Die Bäcker sind eh die Schlimmsten; jeden Mittag Punkt zwölf Uhr schlapp, Zimmerstunde. Dabei ist doch genau das unsere Zeit, schüttelte Äbersold den Kopf.

Bis du dir den Schnabel vom Châteaux Pétrus getrocknet hast und bevor du dir die erste Truffe reinschiebst, hast du in der Regel ein paar Tonnen aus Suters Trickkiste an den Mann gebracht. Die Taxichauffeure sind auch ein Problem für sich. Dauernd zu ihren Kunden fahren, manchmal aufs Land, Rösti und Hamme im «Goldenen Leu»! Herrgottsack! Und die Zeit, die die damit verblöden, und der Kunde will dann regelmäßig noch seine Alte dabeihaben. Und die stellt dann auch noch so saudumme Fragen, Stichwort Sicherheit? Rendite? Und wenn's schlimm kommt, verlangt sie, den ganzen Quark auch noch erklärt zu erhalten, und will sich die Sache noch einmal überlegen.

Aber eben, das Problem liegt bei den Mathematikern, nickte Äbersold. Jeden Tag ein neues Konstrukt, ein noch verrückteres Instrument. «Interest rate Arbitrage based on crossed Inflation Protection with indirect Mortgage Loans and optimized Insolvency Duration.» Bring das mal einem gelernten Bäcker bei.

«Sie müssen dem Kunden einfach sagen: Gehört heute in jedes Portfolio; ein Depot im Wert von 25 Mio kann man sich ohne gar nicht vorstellen», habe ich Natter letzte Woche gesagt, erinnerte sich Äbersold, «und wenn der Kunde wissen will, was das ist, dann sagen Sie ihm: Was soll ich Ihnen da noch erklären? Der Name sagt doch eigentlich schon alles, oder? Und versprechen Sie auf keinen Fall mehr, den Mathematiker zu holen. Nicht, dass es so geht wie letzte Woche, wo Felber beim integrierten Diskont der unterlegten chinesischen Immobilienwerte einen Kommafehler machte am White Board, der Kunde es merkte und prompt den ganzen Zaster abzog!»

Dabei habe ich diesem Akademikerpack ausdrücklich gesagt, sie sollen es so einfach halten, dass im schlimmsten Fall ein ehemaliger Maurer die Sache nach dreimal erklären schnallt. Die haben mich blöd angeschaut. Dabei weiß ich, wovon ich rede, geriet Äbersold langsam in Rage, ich meine, was war denn der stellvertretende Oberprokurist Blumer, bevor wir ihn samt Aktiven und Passiven aus der Pleite «Walder & Blumer, Hoch- und Tiefbau» übernahmen?

Elf

Nachdem schon eine Stunde des Meetings eher zäh ins Land gegangen war, sagte Werner Meier leise: «Also ich weiß nicht.»

Er sprach immer so leise, dass alle Anwesenden die Ohren spitzen mussten, aber da er CCO war, konnte er sich das leisten. Das Meeting war eigentlich nichts für den Chief Communication Officer, es ging um die Verabschiedung eines Werbegeschenks für Kunden, die unwichtig waren, aber doch nicht so unwichtig, dass man sie vollständig ignorieren könnte. Aber Meier war stolz auf sein Führungsprinzip, gelegentlich ohne Ankündigung in ein Meeting zu platzen, niemanden zu grüßen, sich hinzusetzen, gewichtig zuzuhören und dann kommentarlos zu verschwinden. Oder aber «Ich weiß nicht» zu sagen.

Meier nahm das Werbegeschenk in die Hand, einen Plastikkugelschreiber in der Firmenfarbe Blau, mit Aufdruck: «Herzlichen Dank für Ihre Kundentreue, Ihre ELW, Elmore, Little & Willis». Zwei Communication Assistants, der Head Customer Management, der Executive Communication Assistant und zwei weitere Pfeifen, deren Namen sich Meier nie merken konnte, waren anwesend, sie bildeten das Projektteam, das sich nun schon seit einem halben Jahr der Sache angenommen hatte. Fact Finding Meeting, Pitch Meeting mit drei externen Werbeagenturen, Decision Meeting, die siegreiche Werbeagentur hatte designt, bemustert, Varianten vorgeschlagen, KVs eingeholt, Alternativen aufgezeigt, abgeklärt, ob die Kugelschreiber in China nicht mit Kinderarbeit hergestellt wurden, die Lifespan verschiedener Modelle abgeklärt, Druck-, Dreh-, Einweg- und wieder verwendbare Kugelschreiber evaluiert, und so war der ins Auge gefasste Termin Weihnachten ins Land gegangen, jetzt arbeitete man auf den ersten August als Versandtermin für das Werbegeschenk hin.

Eigentlich war das das Rollout Final Meeting, das mit einem gemeinsamen Abendessen des Projektteams seinen krönenden Abschluss finden sollte. Aber nun hatte Meier «Ich weiß nicht» gemurmelt. Meier legte den Kugelschreiber aus der Hand, starrte auf den Blackberry vor sich und sagte fast unhörbar: «Ein Kugelschreiber? Im Sommer? Kann das wirklich richtig sein?»

Einer der beiden Communication Assistants sah die Chance seiner noch jungen Karriere gekommen: «Wir könnten das natürlich auch on hold stellen, wie wäre es denn ersatzweise mit einem Badetuch?» Meier blickte schräg an ihm vorbei und nuschelte: «Badetuch? Ist im Ansatz nicht ganz falsch, wobei, ob das die Core Values unseres Unternehmens wirklich transportiert, vielleicht ...» Was er noch hinzufügte, verstand nun wirklich niemand mehr im Raum.

Der zweite Communication Assistant wusste, dass er nun unbedingt etwas sagen musste: «Vielleicht sollte man da auch an die Versandkosten, Packaging, Gewicht und Größe denken, und wie verbindet man das mit einem Begleitschreiben? Und wenn die Kunden das auf der Post abholen müssen, nicht daran zu denken.»

Niemand war sich sicher, ob Meier überhaupt zugehört hatte, denn er tippte mit zwei Fingern auf seinem Blackberry herum. Meier seufzte leise, dann warf er seinen «Hier muss ich mich auch um alles selber kümmern»-Blick in die Runde, verschränkte für einen Moment die Hände hinter dem Kopf, dann massierte er mit zwei Fingern seine Nasenwurzel. Allen war klar, hier leidet ein CCO unter dem unmenschlichen Druck seiner Verantwortung.

«Nun», sagte Meier plötzlich und hob seine Stimme um mindestens zwei Phon an, «das ist vielleicht alles noch nicht entscheidungsreif.» Dann stand er abrupt auf und verließ grußlos den Raum.

Da wusste der Head Customer Management, dass sein Moment gekommen war: «Ich schlage vor, dass wir die Variante Badetuch evaluieren, Pro und Contra, Logistik, Vorschläge der Werbeagentur einholen, Muster, Varianten, die Qualitätsfrage nicht vergessen, Kugelschreiber ist vorläufig on hold. Schlage als nächsten Termin KW 27 vor, bis dahin sollten erste Entscheidungsgrundlagen vorliegen.»

Fünf Augenpaare starrten ihn fragend an, und der Executive Communication Assistant meldete sich zu Wort: «Und das Abendessen?»

«Ist doch um sieben im ‹Blue› oder hat sich da etwas verschoben?», fragte der Head Customer Management und hob das Meeting auf.

Zwölf

Philipp Kuster brüllte in den Telefonhörer: «Und was soll ich mit dem Scheiß anfangen? Das könnt ihr euch doch rollen und hinten reinstecken. – Wie? – Das ist das offizielle Wording, abgesegnet vom CCO nach Rücksprache mit GL und VR? Ja, vielen Dank.»

Kuster schaute den Telefonhörer, den er gerade auf die Gabel geknallt hatte, finster an. Ich bin von Deppen umzingelt, seufzte er. Die Börsen fuhren Achterbahn, alle großen Banken steckten schwere Schläge ein, jetzt hatte sich gerade noch die Société Générale von einem eigenen Mitarbeiter um acht Milliarden Franken erleichtern lassen. Kusters Kunden, jedenfalls die, die sich für die Performance ihrer Geldanlage interessierten, riefen von Yachten, aus Puffs, ja selbst – ein Irrer – vom Nordpol via Satellitentelefon an, um zu wissen, was er, Kuster, empfehlen würde.

Da Kusters Wissen über die Börse sich darauf beschränkte, dass Blue Chips immer eine gute Sache sind, Pharma auch, aber nicht immer, Banken auf jeden Fall, und das half in diesem Moment auch nicht wirklich, hatte er Corporate Communications gebeten, ihm ein Wording zu basteln, was er denn am besten sagen solle.

Und jetzt das: «Die aktuell hohe Volatilität der Märkte lässt es ratsam erscheinen, die Entwicklung aufmerksam zu verfolgen, um im gegebenen Moment rasch entscheiden zu können.» Heiße Luft, nichts als gebackene Luft, stöhnte Kuster. Oder dieser hier: «Antizyklisches Verhalten kann zu interessanten Gewinnmitnahmen führen, allerdings ist dabei eine sorgfältige Risikoabwägung unbedingt empfehlenswert.» Und noch so ein Knaller: «Investitionen in strukturierte Angebote von Top-Adressen im Finanzdienstleistungsmarkt bieten weiterhin attraktive Anlagemodelle, durchaus auch im Immobilienbereich.» Denen hat man doch ins Hirn genießt, tobte Kuster innerlich, wenn ich einem Kunden gegenüber im Moment das Wort Immobilie nur erwähne, dann schleppt der doch umgehend seine Kohle bei mir ab.

Und das hier ist der Höhepunkt, schäumte Kuster weiter: «Bei Verkaufsentscheidungen sollte bedacht werden, dass erst realisierte Verluste wirkliche Verluste sind. Dem steht die Möglichkeit gegenüber, dass sich momentan schwache Aktienperformances in der Zukunft wieder verbessern können, wobei die genaue Analyse des Zeitpunkts angesichts des aktuellen Börsenumfelds ...» Blabla, Bullshit, jammerte Kuster. «Nein», bellte er dann in die Sprechanlage, «ich lerne gerade das offizielle Wording unserer Volldeppen von Corporate Communications auswendig und will nicht ... wie? Oh, Wladimir, okay, den muss ich wohl nehmen.»

Kuster zupfte sich die Krawatte zurecht, setzte sich aufrecht hin, legte das für Kunden mit Anlagen über zweihundert Millionen reservierte Lächeln ins Gesicht und sagte: «Wladimir, großartig, wie geht's? Das Barockensemble schon ...» Dann hielt sich Kuster angewidert den Telefonhörer weit vom Ohr weg, keine Manieren, diese russischen Wodkasäufer, murmelte er unhörbar, dann presste er sich das Telefon wieder mannhaft ans Ohr und sagte tapfer: «Keinesfalls, Waldimir, kein Problem, habe gerade mit unserem CEO gesprochen, du weißt schon, unserem Putin, he, he, und der hat mir im Vertrauen gesagt, dass bei uns alles im grünen Bereich ist, sicher wie das Matterhorn, du weißt schon, kommt alles wieder gut. Wir füttern den Börsenkursen ein bisschen Viagra, und dann solltest du mal die Kurven sehen, wie die hochgehen. Wie? Genau, Waldimir, genau wie deine russische Bärenrute, he, he. Also, Börse nix kaputt, Nerven behalten, einen Wodka kippen. Alles klar? Großartig. Bis dann.»

Kuster lehnte sich zurück. Wenn er Wladimir gegenüber nur einmal das Wort Volatilität erwähnt hätte, dann wäre er sicherlich einen seiner besten Kunden losgeworden. Wenn Corporate Communications wüsste, welches Wording er tatsächlich benutzt hatte, dann wäre er schon allein wegen Viagra seinen Job losgeworden. Ohne mich ginge hier doch alles den Bach runter, fasste Kuster zusammen. Apropos runter, dachte er dann, vielleicht sollte ich wirklich mal Viagra probieren, soll doch Wunder wirken.

Dreizehn

Das Annual Meeting Worldwide war der Anlass des Jahres, der das Event-Projektteam eigentlich rund um die Uhr auf Trab hielt. Locations, Kongress-Zentrum, Hotels, Transport, Special Events, Dekoration, Limousinen für alle ab Kaderstufe drei, klimatisierte Busse fürs Fußvolk, eine genügende Anzahl reservierter Karten für Museen, Ausstellungen, Musicals, Oper, welcher Golfplatz war in der Nähe, Zutritt natürlich nur für Mitglieder der Kaderstufe zwei und aufwärts, ein Lear-Jet für die GL und ein Lear-Jet für den VR, Helikoptertransport zum Hotel für GL und VR und Mitglieder der Kaderstufe eins und eins plus. Abgestufte Begrüßungsgeschenke in den Hotelzimmern, 24-Stunden-Business-Center, Sekretärinnen auf Abruf, Sondervorstellung des Cirque Soleil als Incentive Event, eine Heerschar von externen Textern briefen, die dann die ganzen Reden mit lokalem Bezug, Intro und Pointe am Schluss schreiben mussten, Diätpläne für gesundheitlich angeschlagene Kadermitglieder (ab Kaderstufe vier). Und die Special Taskforce evaluierte bereits, wie man alle Sonderwünsche (ab Kaderstufe zwei) erfüllen könnte, Fitness-Station in der Suite, Sauna reserviert von 17.30 bis 18.30 Uhr, tägliche Hot-Stone- und Nackenmassage für den CFO, garantierter Nachschub von Cohiba Especiales für den CCO, Tullamore Single Malt Special Reserve 25 years old in der Bar für den VR-Vizepräsidenten.

Und dann erst die Aufgaben der Silent Special Taskforce, getrennte Schlafräume für den VR-Präsidenten und seine Gattin, Escort-Service für alle GL- und VR-Mitglieder, unter Berücksichtigung aller Sonderwünsche, rasiert, Natursekt, Hermaphrodit, dazu natürlich das Übliche, Domina, Folterkeller, Latex-Ladys und -Boys, nur mit Gummi, nur ohne Gummi; dann der neue Kopfzerbrecher, dass sich immer mehr leitende Manager Doubles von berühmten Stars wünschten, von mehreren angesagten Hollywood-Stars hätte man jeweils drei Doubles gebraucht, unglaublich, und ein Irrer hatte sich sogar eine junge Romy Schneider gewünscht, man glaubt es kaum.

Dann natürlich das Damenprogramm, die umfangreiche Reiseapotheke, Bodyguards (ab Kaderstufe eins plus), Taxibons (ab Kaderstufe fünf), mindestens zwei Computer-Spezialisten vierundzwanzig Stunden auf Abruf, denn die meisten Manager waren ja nicht in der Lage, ihren Laptop richtig ans Internet zu stöpseln, produzierten Abstürze en masse, kamen plötzlich nicht mehr an ihre E-Mails ran, hatten zum dritten Mal das File mit dem Redenmanuskript gelöscht, hatten keinen passenden Stromadapter dabei, ein Albtraum.

Und schließlich die Zusammenstellung einer Dokumentation über Land, Kultur und Leute, inklusive DVD, Tipps, Adressen und Geheimtipps, allein das Teil kostete meistens knapp eine halbe Million, obwohl es eigentlich kein Schwein interessierte, aber der CEO legte großen Wert auf den kulturellen und völkerverbindenden Aspekt des Annual Meeting.

Und dann die Fluglogistik, wer fliegt nicht mit welcher Airline, wer darf First, wer Business und wer muss Holzklasse. Und schließlich das Sahnehäubchen, der Special Guest Star, Shakira war letztes Jahr schon fünf Minuten aufgetreten, Madonna war wirklich zu teuer, man hatte sich sogar eine Weile überlegt, den Vorschlag eines Scherzkeks weiterzuverfolgen, ein Tina-Turner-Double (auch mit Perücke) auftreten zu lassen, ihn dann aber doch verworfen.

Aber immerhin, drei Monate vor dem Annual Meeting war alles so weit in trockenen Tüchern, die meisten Verträge unterzeichnet, das meiste organisiert, und von jetzt an würde es sowieso der reine Irrsinn werden. Business as usual, dachte das Projekt-Team, bis es vom CEO mit einem kurzen Besuch beehrt wurde.

«Ach übrigens», sagte der CEO, «ich habe gehört, dass das Meeting dieses Jahr in London sein soll. Meine Frau war letzte Woche dort, furchtbar, ihr wurde vor dem Hotel die Handtasche geklaut, und dieser Nebel, der Verkehr, unerträglich. Unmöglich. Komme gerade aus Singapur, da spuckt man nicht mal auf die Straße, großartiger

Golfplatz neben dem ‹Mandarin›, da machen wir's dieses Jahr, sollte ja kein Problem sein. Dann weiter frohes Schaffen!»

Vierzehn

«Moin, moin, Herr Kladde», sagte Philipp Kuster aufgeräumt ins Telefon, «wie geht's so dem Wetter in Hamburg?»

Routiniert überflog er die wichtigsten Angaben im Kundenprofil, das ihm von seinem Assistenten aufgerufen worden war, bevor der den Anruf von Kladde durchgestellt hatte. «Frau Gattin hat sich über den Geburtstagsstrauß gefreut?» Bei einer Einlage von knapp fünfzig Mio, und natürlich Euro, hatte die Akte Kladde einen VIP-Reiter, nicht in Gold, das war für Anleger mit mehr als zweihundert Mio reserviert, aber immerhin. Und der kleine blinkende rote Punkt unten rechts auf dem Bildschirm machte Kuster darauf aufmerksam, dass Kladde nur steuerneutrale Anlagen wünschte, keine Korrespondenz, Unterlagen zurückbehalten. Normale Dienstleistung für Steuerhinterzieher, kostete natürlich extra.

«Doch, hier an der Bahnhofstraße scheint die Sonne, dafür bezahlen wir Privatbanken», fuhr Kuster munter fort, der es nicht übers Herz brachte, seinen Kunden zu gestehen, dass er in die Pampa nach Oerlikon versetzt worden war. «Der aktuelle Stand Ihres Depots? Bitte sehr, dürfte ich zuerst um das Codewort bitten? Walküre41? Genau.»

Schon wieder ein alter Nazi, dachte Kuster und rief die aktuellen Kernzahlen des Depots auf. Hoppla, dachte Kuster, in weniger als einem Monat hatten sich acht Tonnen in Luft aufgelöst, war ja auch kein Wunder bei den Massakern an den Börsen.

«Alles sehr schön, Herr Kladde», trompetete Kuster fröhlich ins Telefon, «im Rahmen Ihrer gewinnorientierten Anlagestrategie haben wir die Benchmark des Marktes um, lassen Sie mich mal schauen, um ganze zwölf Prozent geschlagen, also eine eindeutige Overperformance, und das bei schwerer See und steifer Brise, wenn ich das mal so formulieren darf.» Entwickelt sich nicht schlecht, dachte Kuster befriedigt, den habe ich bald eingetopft. «Wie bitte? In konkreten Zahlen? Nun, Herr Kladde, Sie wissen natürlich, dass eine Momentaufnahme in einem dynamischen Prozess nur eine beschränkte Aussagekraft hat, einige Ihrer Positionen reflektieren in nackten Zahlen nicht das Potenzial, das unser Analyseteam aus dem inneren Wert abgeleitet hat, der bei einer Trendumkehr ... Wie bitte? Nun, es gibt positive Signale, beispielsweise das US-Konjunkturprogramm, das ... Ja, ich komme ja gleich dazu, aber Sie müssen mir schon Gelegenheit geben, the big picture, nicht wahr, erst realisierte negative Gewinnentwicklungen sind ja ... Aber ja, Herr Kladde, natürlich, die Zahlen.»

Das läuft irgendwie falsch, dachte Kuster, vielleicht sollte ich Kladde vorschlagen, sein Kennwort auf Stalingrad43 zu ändern, das entspräche dem Zustand seines Depots eher. «Nun, Herr Kladde, oh, ich sehe gerade, da kommt das neuste Update rein, das dauert nun allerdings ein Momentchen, bis die Zahlen aktualisiert sind, dann haben wir sie aber auf dem neusten Stand, und das möchten Sie ja. Hätten Sie vielleicht zehn Minuten Zeit? Nein? Okay, wissen Sie was, ich rufe Sie dann sofort zurück, sobald das Update vollständig, ja, natürlich, auf Ihr Handy, kein Problem, Herr Kladde, dann bis gleich.»

Kuster legte auf, drückte auf den Direktwahlknopf und bellte ins Telefon: «Müller, das haben Sie eingebrockt, das müssen Sie jetzt auch auslöffeln. Rufen Sie in einer Viertelstunde den Kladde an, ja, genau den, den Sie mir gerade durchgestellt haben, sagen Sie ihm, dass Kuster gerade in einer wichtigen Besprechung mit der GL ist. Und dann sagen Sie ihm, dass sein Depot im Moment die Overperformance des letzten Jahres egalisiert hat und unter Berücksichtigung der Vermeidung von dreiunddreißig Prozent Quellensteuer fast fünfzig Prozent im Plus liegt, in absoluten Zahlen ohne den potenziellen Zukunftswert bei etwas über einundvierzig Millionen. Wie? Nein, Müller, sagen Sie ihm, das sei kein Verlust, sondern eine Delle in einer mehrjährigen positiven Entwicklung, die angesichts der richtigen strategischen Positionierung bereits in kurzer Zeit blabla. Okay? Nein, in den nächsten Tagen bin ich für Kladde nicht zu sprechen, und wehe, der kündigt sein Depot, das würde sich in Ihrem Jahresgespräch nicht gut machen, alles klar?»

Fünfzehn

Eigentlich war das Projekt-Team «New Image Campaign», interne Abkürzung NIC, guter Dinge. Nach einem mörderischen Kampf war eine externe Werbeagentur im Pitch als Sieger erkoren worden. Ihr siegreiches Konzept war dann zwar im Lauf eines knappen Jahres geschreddert, geschnetzelt, gequirlt, neu aufgegleist und völlig verändert worden, aber da alle Honorarnoten der Werbeagentur natürlich klaglos bezahlt worden waren, hatte sie weitergemacht und immer wieder neue Konzepte, Pappen und Präsentationen hingestellt.

Aber nun war NIC wirklich in Champagnerlaune, die neue Kampagne stand, Key Messages, Sujets, Farbgebung, Größe des Logos von Elmore, Little & Willis, alles war ausgefeilt, perfektioniert, einfach prächtig. Eigentlich sollte an diesem letzten Meeting nur noch der Terminplan besprochen werden, Shootings wann, wo, Mediaplanung, ein paar Details halt noch. Als man schon zu einem allgemeinen «Na prima, super» übergehen und der Senior Consultant der Werbeagentur sich schon aus dem Stuhl erheben wollte, der AD der Werbeagentur sich ein kleines Stäubchen von seinem schwarzen Anzug schnipste, da ging die Tür des Meetingraums auf, und CCO Werner Meier betrat den Raum.

«Hallo», sagte der Leiter des Projekt-Teams munter, «wir sind hier eigentlich durch, die Shootings beginnen nächste Woche, das wird der Hammer, die neue Image-Kampagne.»

Chief Communication Officer Meier ignorierte ihn völlig, genauso wie den Senior Consultant und den AD, setzte sich vor die letzte Pappe, die noch auf dem Tisch stand, und betrachtete sie nachdenklich.

«Also ich weiß nicht», sagte Meier leise, «ist dieser Hintergrund nicht eine Spur zu wild, entspricht das eigentlich unserem Standing als traditionell verwurzeltem Finanzdienstleister?»

Der Senior Consultant der Werbeagentur war sich offenbar nicht bewusst, dass hier plötzlich ein Riesenproblem am Entstehen war, außerdem hatte er Meier noch nie gesehen, also sagte er launig: «Das ist ja nur ein Symbolbild, ein Visual, ein Platzhalter, das muss man gar nicht genauer auseinandernehmen. Dafür haben wir in den letzten Monaten ein Booklet ausgearbeitet, das die Guidelines für die visuelle Gestaltung bis ins letzte Detail festlegt.»

Meier hatte sich währenddessen intensiv mit seinem Blackberry beschäftigt, und niemandem im Raum war es klar, ob Meier überhaupt zur Kenntnis genommen hatte, dass da einer sprach.

In die quälende Stille hinein sagte Meier dann endlich: «Ich glaube, dieser Hintergrund ist zu wild, und ist diese Headline eigentlich auch nur ein Platzhalter?»

Alle im Raum rangen nach Fassung, als Erster erholte sich der Projektleiter: «Aber diese Headline ist in einem halbjährigen Evaluationsprozess von allen abgesegnet worden, inklusive GL.»

«Aber nicht von mir», sagte Meier ganz, ganz leise. Das stimmte sogar, denn es gehörte zu den Führungsprinzipien von Meier, so gut wie nie eine E-Mail zu beantworten, vor allem dann nicht, wenn eine Entscheidung verlangt wurde. Dann sagte Meier seinen Satz, der von allen Mitarbeitern seit Jahren gefürchtet wurde: «Also, ich halte das Ganze noch nicht für entscheidungsreif.» Er stand auf, ignorierte die fassungslosen Mienen aller Anwesenden und verließ den Raum.

Auf dem Gang traf Meier zufällig den CEO von Elmore, Little & Willis. «Ach, Werner», sagte der zu Meier aufgeräumt, «übrigens, ich habe gerade die letzten Entwürfe für unsere neue Image-Kampagne gesehen, wirklich großartig, hat mir sehr gut gefallen, das wird der Hammer. Tolle Arbeit, Kompliment.»

Ein anerkennender Schlag auf die Schulter, und der CEO eilte zur nächsten Sitzung weiter.

Meier zückte seinen Blackberry, suchte die E-Mail-Adresse des Projektleiters NIC heraus und tippte mit zwei Fingern: «Habe die Entscheidung gefällt. Machen. Headline okay. Hintergrund einfach weniger wild. Rapport an mich.»

Sechzehn

«Was, Sie haben mein Memo und die Einladung zum Meeting nicht gekriegt? Habe ich aber geschickt, Sie sollten vielleicht mal Ihren Mail-Eingang sorgfältiger checken.» Bei Kuster klingelten alle Alarmglocken. Den Trick kenne ich, sagte sich Kuster, da musst du schon früher aufstehen, wenn du mich so aufs Kreuz legen willst.

Ihm war schon länger aufgefallen, dass Felber eindeutig Anlauf nahm, um Kusters Position zu erobern. Bald stand die Entscheidung an, wer wieder von Oerlikon an die Bahnhofstraße zurückdurfte, und Kuster hatte schon im Februar zwei russische Oligarchen reingezogen, knapp sechzig Tonnen Neuanlage, damit hatte er seine Jahresvorgabe schon erfüllt. War zwar schwer auf die Leber gegangen, meiner Treu, was können Russkis saufen, erinnerte sich Kuster, und dem Hotel in St. Moritz hatte er zehntausend extra rüberschieben müssen, nachdem einer der Russen am frühen Morgen seinem Hang zu Natursektspielen mit zwei platinblonden Nutten nicht hatte widerstehen können, aber am späten Vormittag hatten dann beide die Überweisungsaufträge unterzeichnet. Okay, das war eigentlich Felbers Jagdrevier, aber was konnte Kuster dafür, dass Wladimir ihm seine beiden Buddys am White Turf vorgestellt hatte? Kuster hatte natürlich gewusst, dass Felber das nicht so einfach schlucken würde, und umsichtig seine Verteidigungslinien aufgebaut. Und jetzt kam Felber mit diesem uralten Trick, der ist und bleibt eine Pfeife, dachte Kuster.

Er konsultierte kurz seinen Blackberry, dann wählte er eine Nummer: «Morgen, Emil», flötete er dann ins Telefon, «für deinen Chef heute Morgen schon die Truffe-Brioches besorgt? Ah ja, und sind dem Felber nicht im Hals stecken geblieben? He, he, nein, deshalb rufe ich ja mit meinem Privat-Handy auf dein Handy an, keine Angst. Hör mal, ich komme gleich zur Sache, die Stelle in meinem Assistententeam, über die wir neulich sprachen, immer noch interessiert, auf die Winner-Seite zu wechseln? Dachte ich mir doch. Das bleibt jetzt unter uns, aber ich ziehe in KW 19 wieder an die Bahnhofstraße zurück, und mein Team kommt natürlich mit, das wäre also der Moment … Genau, sehe ich genauso. Dann ist das alles klar, freue mich, nichts zu danken, ich weiß doch, wer was kann. Übrigens, eine Hand wäscht die andere, du weißt ja, wie das ist, genau, einen kleinen Gefallen bräuchte ich von dir, nein, nicht die Kundendaten, Himmels willen, nein, kannst du mir mal den Mailverkehr von Felber vom Zwölften und vom Siebzehnten ausdrucken und rüberschicken? Sehr gut, danke, super. Du hörst von mir, wir sehen uns dann an der Bahnhofstraße.»

Zwei Stunden später überflog Kuster Felbers Mails, schnell fand er, was er suchte. Im Cc des Memos hatte Felber kaster statt kuster geschrieben, und bei der Einladung zum Meeting hatte ihn Felber gar nicht aufgeführt. Gotcha, sagte Kuster fröhlich, dann drückte er auf die Durchwahltaste von HR, Stabstelle Mobbing: «Hallo Peter, Philipp Kuster hier, rauchst du grade eine meiner Cohibas? Nein, Scherz, ich weiß ja, dass wir hier alle im Rauchverbot sitzen. Gern geschehen, du weißt ja, wenn es anderen gut geht, dann geht es auch mir gut, das ist mein Prinzip. Hör mal, ich habe hier leider einen etwas ekligen Fall von Mobbing zu melden, ja, ziemlich glasklar, würde dir gerne die Unterlagen zeigen, morgen Abend hat mir ein Kunde bei Petermann's abgesagt, hättest du da zufällig Zeit und Lust oder sogar beides? Prima, so gegen 19.30 Uhr? Freu mich.»

Für ziemlich alle kam es überraschend, dass Felber eine Woche später zum Aufbau von New Business nach Irkutsk versetzt wurde. Am meisten überrascht war aber sein Assistent Emil, dass er mitmusste, dabei gab es in Irkutsk definitiv keine Truffe-Brioches. Gar nicht überrascht war Kuster, der Emils immer verzweifeltere Mails und Anrufe ignoriert hatte.

Siebzehn

«Habe ich eigentlich auch DOAs in meinem Portefeuille?» Philipp Kuster seufzte, früher oder später musste ja mal ein Kunde zu ihm durchkommen, der diese Frage stellte.

Leicht melancholisch betrachtete er den Depotauszug von Müller auf seinem Bildschirm. Aber hallo, dachte Kuster. Offenbar hatte dem ein gieriger Anlageberater letztes Jahr für ganze zehn Tonnen amerikanische Schrott-Hypotheken reingedrückt, die waren inzwischen natürlich weg. Dir bleiben doch immer noch siebenunddreißig Mio, sagte sich Kuster, aber er war sich nicht ganz sicher, ob Müller diesen Blickwinkel so ganz teilen könnte. «Sie meinen sicherlich Collateralized Dept Obligations, also CDOs, Herr Müller, nun, in der Tat ...»

«Nein, ich meine DOAs», keifte Müller zurück, «das kommt von Death on Arrival, wenn Sie verstehen, was ich meine.»

Oh, dachte Kuster, ein kleiner Scherzkeks, und den Ausdruck kannte ich nicht, bei uns heißen die Dinger Nuclear Waste. Aber semantische Spielchen würden hier wohl auch nicht weiterhelfen. «In der Tat wurde im Rahmen der von Ihnen gewählten Anlagestrategie ein nicht allzu erheblicher Prozentsatz Ihres im Übrigen sehr komfortablen Portefeuilles ...»

Müller unterbrach ihn schon wieder: «Ich will jetzt wissen, wie viel von meinem Geld Sie da verbraten haben und wie viel Geld noch in meinem Depot ist, das ich im Übrigen demnächst abziehen werde.»

Okay, dachte Kuster, wenn du Krieg willst, dann sollst du ihn haben: «Das würden wir natürlich außerordentlich bedauern, Herr Müller, und gestatten Sie mir zu erwähnen, dass wir in den vergangenen Jahren regelmäßig die Benchmark des Marktes geschlagen haben, was Ihnen insgesamt doch den schönen Ertrag von knapp zehn Millionen allein in den letzten vier Jahren generierte.»

«Ach ja», giftete Müller, «da haben Sie aber nicht Ihre Kommissionen, Spesen und Fees abgezogen, halten Sie mich eigentlich für blöd?»

Nein, dachte Kuster, ich halte dich einfach für ein blödes Arschloch. «Nun», sagte Kuster stattdessen, «es ist richtig, dass zur Deckung unseres Aufwands bei der aktiven Bewirtschaftung Ihres Depots Ihnen eine klar ausgewiesene Kostenbeteiligung gemäß den von Ihnen unterzeichneten allgemeinen Geschäftsbedingungen ...» Aber Kuster konnte wohl nie ausreden.

«Ich frage Sie jetzt zum letzten Mal: Wie viel?»

Fick dich doch ins Knie, dachte Kuster, einen letzten Versuch zur

Güte kriegst du noch: «Wie Sie wissen, sind die Märkte im Moment bezüglich dieses Anlagemodells illiquide, wir sind aber mit aller Kraft dabei, durch Hedging, Risk Management und eventuell durch den Einstieg in Distressed Funds eine Neubewertung dieser Positionen zu erreichen. Das bedeutet in Ihrem Fall», diesmal ließ sich Kuster nicht unterbrechen, «dass die von Ihnen beauftragte Anlage in CDOs in diesem Moment, in dem wir sprechen, mangels Markt nicht finanziell quantifiziert werden kann. Das heißt aber auf keinen Fall, dass sie abzuschreiben wäre. In einigen Wochen sehen wir da sicherlich klarer. Wenn Sie aber tatsächlich jetzt Ihr Depot auflösen würden, was wir wie gesagt sehr bedauern würden, dann müssten Sie natürlich die durch das nötige Glattstellen aller Positionen anfallenden Verluste tragen, und da sprächen wir dann doch von einer Größenordnung von immerhin zehn Millionen.»

«Zehn Millionen», explodierte Müller, «Sie haben in einem knappen Jahr zehn Millionen in den Sand gesetzt?»

«Keinesfalls, Herr Müller, keinesfalls, wir haben in Befolgung Ihrer Anlagestrategie und von Ihnen beauftragt gewisse Investitionen getätigt, die sich im Augenblick als Underperformer erweisen.»

«Underperformer? Zehn Millionen weg ist für Sie ein Underperformer?»

«Wie gesagt, Herr Müller, ich persönlich kann Ihre Position sehr gut verstehen, ich kann Ihnen aber versichern, dass unsere besten Händler, Strukturier und Juristen mit Hochdruck daran arbeiten, das Beste aus der Sache zu machen.»

«Juristen?», höhnte Müller, «das ist gut, die werden Sie auch brauchen, wenn ich mit einer Verantwortlichkeitsklage auf Sie zukomme.»

«Wie gesagt, Herr Müller, ich verstehe Ihre Position, aber das ist noch lange kein Grund, mit solchen Drohungen … Herr Müller? Herr Müller?» Hat der Mistkerl doch einfach aufgelegt, murmelte Kuster und verfasste eine Aktennotiz zuhanden der Rechtsabteilung: «Depot-Kunde 34762/3 droht mit Klage wegen CDO-Problematik, braucht wohl das übliche Warnschreiben, er solle sich mal die AGBs genauer anschauen.»

Achtzehn

Wieso schreibt eigentlich die versammelte Wirtschaftspresse keine Zeile über die Legionen von High Net Worth Individuals, die inzwischen eher Low Net Worth sind, weil ihnen ein paar hübsche Immobilien-Fonds reingedrückt worden waren? Äbersold benützt wieder einmal die kurze Pause zwischen zwei Kundengesprächen für philosophische Gedankengänge. Andererseits, auch Äbersold hatte solche Erfahrungen genossen, gehört es ja zu den schönsten Momenten im Leben eines Anlageberaters, wenn er seinem Kunden erklärt, was ein geschlossener Fonds genau ist, geschlossen wie zu, no way out, geschlossen wie Schloss davor.

Aber ein paar hübsche Anekdoten hatte die Presse ja zusammengetragen, sinnierte Äbersold weiter. Da berichtete doch ein Immobilienmakler irgendwo aus dem Rust Belt der USA, dass ein ziemlich übel tätowierter Kunde seine Klitsche betreten hatte. Der Makler hatte schon mal vorsichtshalber den Fünfundvierziger entsichert, aber das Mitglied des amerikanischen Prekariats zog höflich die schmuddelige Baseball-Cap vom Haupt, setzte sich auf den Besucherstuhl, wobei ihm ein Crack-Pfeifchen aus der löchrigen Manteltasche fiel, und bekundete sein Interesse an einer kleinen Immobilie, achtzigtausend Dollar, käme ihm gerade recht in der kalten Jahreszeit. Der Makler ließ die Knarre entsichert, schob aber den Zeigefinger vom Abzug weg und begann, den Fragebogen auszufüllen. «Regelmäßiges Einkommen?»

«Noch nie im Leben.»

«Assets, Rücklagen?»

«Hä?»

«Kohle, Sparheft, Aktien?»

«Hatte noch nie im Leben ein Bankkonto.»

«Zurzeit wohnhaft?»

«Äh, meistens auf der Straße, aber manchmal kann ich bei Pete übernachten.»

«Postanschrift?»

«Auch das noch, na schicken Sie das Zeug an ‹Joe's Bar›, 24 316 S.E. Street, Postleitzahl weiß ich nicht, sollte man ja rauskriegen können.»

«Vorletzter Wohnsitz, so in den letzten zwei Jahren?»

«Ähem, nun, in den letzten fünf Jahren war's das State Penitary Oklahoma, ein wirklicher Scheiß-Knast.»

«Okay», sagte der Makler aufgeräumt, «das wär's eigentlich schon. Ich gehe davon aus, dass Sie eine hundertprozentige Finanzierung wünschen?»

«Hä?»

«Sie brauchen achtzigtausend Dollar, um das Haus zu kaufen?»

«Genau, kostet doch achtzigtausend, right?»

«Absolut», sagte der Makler, «vielleicht kann ich da auch noch zehntausend Cash Back drauflegen, Sie brauchen ja wahrscheinlich auch ein paar Möbel?»

«Möbel wäre nicht schlecht, wobei eine Karre eigentlich dringender wäre, kann man die auch noch drauflegen?»

«Versprechen kann ich nichts», sagte der Makler, «sollte aber möglich sein.»

«Super», sagte der Tätowierte und erhob sich. «Ach, hätten Sie mir vielleicht fünf Bucks, habe heute noch nichts gegessen.»

«Aber klar, gehört zum Kundenservice», sagte der Makler verbindlich, nahm die Hand von der Knarre und schob fünf Dollar rüber. Zwei Tage später schickte er einen Brief an «Joe's Bar»: «Ihr Antrag ist bewilligt worden, Sie müssen bei mir nur ein paar Papiere unterzeichnen, dann sind Sie Besitzer des Hauses, und fünfzehntausend Dollar gibt's erst noch obendrauf.»

So eine Story kann man nicht erfinden, kicherte Äbersold, das schaffen nur wir Banker.

Dann wuchtete sich Äbersold aus seinem Sessel: «Grüezi, Herr Friedli, nehmen Sie doch Platz. Ich habe mich höchstpersönlich den ganzen Vormittag mit Ihrem Depot beschäftigt, ich glaube, wir sollten da etwas mehr Dynamik hineinbringen, gerade jetzt sehe ich da einmalige Chancen. Sie wissen ja, wenn die Herde in die eine Richtung rennt, muss man in die andere Richtung laufen. Darf ich Ihnen mal kurz die interessanten Perspektiven eines geschlossenen Fonds skizzieren? Emerging Markets Asia, Luxury Goods plus Realty-Strukturfonds, ein ganz heißer Tipp, Sie wissen doch, wenn sich nur jeder millionste Chinese eine Rolex oder eine IWC kauft, weil die so gut zu seinem Gucci-Schal passt, dann geht der Fonds durch die Decke, Herr Friedli. Ist aber nur einem exklusiven Kundenkreis vorbehalten, Minimaleinlage fünf Mio, aber das brächte dann schon den nötigen Pepp in Ihr Portefeuille, und für die ersten Anleger schmeißen die noch eine Reise nach Shanghai rein, da können Sie sich dann persönlich davon überzeugen, wie bei den Schlitzaugen die Post abgeht. Darf ich Ihnen mal die Unterlagen mitgeben?»

Äbersold fragte sich, ob und wann Friedli schnallen würde, dass Realty Immobilien bedeutete. Wahrscheinlich zu spät, grinste Äbersold in sich hinein.

Neunzehn

«Guten Morgen, Herr Thiele, und grüezi aus Zürich», trompete Kuster ins Telefon, «was kann ich für Sie tun? Ah ja, auf Empfehlung von Herrn Jochimsen, aber ja, ein jahrelanger guter Kunde bei uns.»

Natürlich hatte Kuster den Thiele zuerst von seinem Assistenten abchecken lassen, denn er konnte ja nicht seine wertvolle Zeit mit irgendwelchen Möchtegerns verplempern, aber das musste Thiele ja nicht wissen.

«Steueroptimierung? Aber sicher, da haben wir eine Vielzahl von Modellen, natürlich zugeschnitten auf die individuelle Situation eines Kunden. Dürfte ich mich erkundigen, von welcher Größenordnung wir hier sprechen?» Kuster spitzte seine Lippen zu einem lautlosen Pfeifen. «Ja, das ist natürlich ein ansehnlicher Betrag, hätten Sie denn die ganzen siebzehn Millionen in Cash zur Verfügung? Ah ja, Sie möchten Ihre Einlagen aus Liechtenstein transferieren. Sehr vernünftig, Herr Thiele, wir wollen ja nichts gegen unsere Kollegen bei der LGT sagen, aber ständig Kundendaten verlieren, das ist natürlich schon etwas suboptimal … Genau. Schauen Sie, Herr Thiele, zieht es

Sie in nächster Zeit einmal nach Zürich? Wir haben ja im Gegensatz zu Vaduz auch einen Flughafen, nicht wahr? Aber nein, Herr Thiele, da unterschätzen Sie etwas unsere Servicefreundlichkeit, ich lasse Ihnen gerne einen Flug reservieren, aber selbstverständlich, haben Sie Präferenzen, was das Hotel betrifft? Oh, tut mir leid, das ‹Dolder› ist leider geschlossen, ja, Umbau. Aber dürfte ich Ihnen den ‹Widder› empfehlen, wäre gleich bei uns um die Ecke sozusagen, zwei Schritte, und Sie sind an der Bahnhofstraße. Genau, Herr Thiele, mailen Sie mir doch ein paar Terminvorschläge, und wir kümmern uns dann um den Rest. Selbstverständlich, Herr Thiele, Sprüngli gibt es noch, aber sicher, Sie mögen die Truffes du jour? Ja, fabelhaft, was wir Schweizer aus Schokolade machen können, kommt gleich nach Banking. Dann freue ich mich darauf, Sie demnächst persönlich kennenlernen zu dürfen. Ach, und wenn ich Sie noch bitten dürfte, allfällige Unterlagen nur in elektronischer Form mitbringen, Sie wissen ja, der deutsche Fiskus, genau. Nein, Herr Thiele, meine Schweizer Neutralität erlaubt es mir nicht, das zu kommentieren, he, he, aber ich würde Ihnen da nicht widersprechen wollen. Schönen Tag noch!»

Großartig, dachte Kuster. Keine Vermittlungsprovision an einen deutschen Anlageberater fällig, wenn Thiele wirklich eingetopft werden konnte, dann hatte er bereits im März fast die Hälfte des New Business für dieses Jahr generiert.

Kuster schrieb kurz ein Memo an Müller, Flug, «Widder», komfortables Einzelzimmer, für siebzehn Millionen gab es noch keine Suite, aber bitte eine Schachtel Truffes du jour als Willkommensgeschenk. Siebzehn Millionen, schwarz, also war nicht zu erwarten, dass Thiele groß Stunk machen würde, wenn eine ganze Latte von Fees, Kommissionen, Courtagen und Verwaltungsgebühren in Stellung gebracht würden, aus dem holen wir locker, Kuster rechnete kurz im Kopf nach, na, eine Tonne im Jahr sollte da drinliegen, mindestens. Aber dafür konnte Thiele sicher sein, dass die deutschen Steuerbehörden niemals Zugriff auf seinen Geldbunker bekämen. Außer Deutschland marschiert doch noch in die Schweiz ein, kicherte Kuster, aber die kümmern sich doch lieber um Afghanistan.

Zwanzig

So ein Käse, sagte sich Hugentobler, schon wieder eines dieser «Clarification Meetings», wo einem die Ohren vollgequatscht werden mit Fachchinesisch made in USA. Zuerst stellt man Ingenieure ein, Physiker, Mathematiker und all dieses intellektuelle Pack, kauft ihnen Hochleistungsrechner und Superdatenbanken, schickt sie an Financial-Design-Kurse und Meetings, lässt sie jahrelang an ihren Modellen basteln, Instrumente austüfteln, die Unterlagen der US-Boys studieren, und jetzt muss man sich auch noch anhören, warum die Super Subprime Notes um sechsundachtzig Prozent näher sind am Totalabschreiber als die RMBS und warum die CBMS im Moment noch nicht tangiert sind, während es bei den RLNs langsam eng wird.

Letzte Woche, als es um diese verdammten Alt-A-CDOs ging, bekam sogar Baumann eine rote Birne; ich hoffe nur, dass es an seinen unterentwickelten Englischkenntnissen lag und nicht am Unverständnis der Materie selber. Dabei haben wir den Affen vier Monate nach Malta geschickt, in den Crash-Kurs für angehende Top-Kader, hängten noch zwei Monate Australien dran, als herauskam, dass er in Malta wohl eher mit der Freundin beschäftigt war, und richteten ihm an beiden Orten eine extraschnelle Internet-Verbindung ein, damit er weiter an seinen Modellen und Produkten basteln konnte. Wenn ich den Namen Baumann nur schon höre!

Und heute geht es also um den Begriff RLN. Wer erfindet um alles in der Welt solch einen Mist? An sich war Hugentobler ja immer dagegen, dass sich die Bankunion mit solchem Ami-Kram beschäftigt. Aber wenn du mal Generaldirektor bist und dir sieben Abteilungen den ganzen Tag die Ohren vollquatschen mit ihren mathematischen Marktmodellen, implizierten Volatilitäten, Regressionsfaktoren, Chi-Tests, multiplen Regressionsanalysen, Mehrfaktor-Prognosemodellen und so weiter, dann gibst du halt mal nach. Willst ja schließlich wieder einmal in Ruhe Mittag essen in der «Juwelenhalle», mit Schawalder über die guten alten Zeiten reden und dich endlich etwas am Bonus freuen. Himmelarsch! Kam bis heute nicht dazu, vom 2006er auch nur einen Rappen sinnvoll anzulegen, seufzte Hugentobler.

Der Pedrazzini-Heini ruft täglich an und versucht, mich von der Vivale auf die Special upzugraden. «Für lumpige hunderttausend kaufen Sie sich eine Menge mehr Spaß, Herr Hugentobler. Ich würde Ihnen in diesem Fall das Runabout-Boot mit einem vollen Tank übergeben und Ihnen gratis die Seile für die Wasserskis installieren. Den Bootsplatz habe ich vorsorglicherweise schon reserviert für Sie, Herr Hugentobler; die Plakette mit den Initialen Ihrer Gemahlin montiert, sie wird entzückt sein.»

Wenn der wüsste, mit was für einem Mist ich mich hier rumschlage, sinnierte Hugentobler. Der hat es gut, zimmert ein paar Mahagoni-Bretter zusammen, bepinselt das Ganze mit etwas Lack, schmeißt einen Tausend-PS-Motor rein, und schon ist er eine halbe Tonne reicher. Und jedes Jahr fünfzig Kisten Service; für die drei Stunden, die du allenfalls einmal nach Hurden ins Rössli schipperst, um dir ein paar Egli Meunière runterzuspülen mit einem Chablis. Und wenn es dir so geht wie Karl, dann lädst du am besten auch dann noch einen Kunden ein, dann kannst du die Reparatur des Bugs und des Schiffsstegs wenigstens der Bude verrechnen.

Also, stopfen wir uns halt die RLN-Lektüre rein, Hugentobler musste sich endlich wieder auf seine Tagesaufgaben konzentrieren, da half ja alles nichts. Ohne neue Angebote keine Depot-Umschichtungen – ohne Depot-Umschichtungen kleinerer Bonus – kleinerer Bonus, kleineres Boot, so schaute es aus. Aber eines sage ich den Kerlen gleich zu Beginn, schwor sich Hugentobler finster: Wenn diese Tranche auch noch hopsgeht, dann können die den Scheiß ohne mich aufräumen. Dann rufe ich den Pedrazzini-Heini zurück.

Einundzwanzig

Am Montag kreuzt garantiert wieder so ein Kolumbianer oder Brasilianer auf, dachte Äbersold, als er am Freitagnachmittag nach dem Mittagessen das Tennisrack aus dem Schrank holte. Denn Carla fliegt heute aus Miami zurück. Es war gar nicht so einfach gewesen, sie für diese neue Herausforderung zu motivieren, aber Äbersold hatte schon immer ein geschicktes Händchen bei solchen Sachen. «Aber I gann ja gare gei Englisch, Herr Äbersold. Und I weiße au nöd, was mini Mama saga», hatte sie am Anfang protestiert, typische Italienerin halt.

«Aber es ist doch nur für drei Monate, Carla, irgendjemand muss die Kontoeröffnungsunterlagen auf den Bahamas einfach einmal aufräumen. Und Sie haben in dieser Beziehung hier am Hauptsitz eine wirklich glückliche Hand bewiesen.»

Doch Carla war immer noch nicht überzeugt gewesen: «Ja, aber ig bekomme Thrombose im Flugi. Letschte Sumer uf em Flug uf Mallorca bin i fascht omächtig worde. Und i muess mindestens eimal im Monat mini Mama bsuche.»

Na, hatte Äbersold gedacht, diese Probleme waren lösbar: «Keine Sorge, Carla, Sie fliegen natürlich Business, da können Sie Ihre Beine hochlagern, bekommen keine Thrombose, und das mit dem monatlichen Flug heim zu Mama geht natürlich in Ordnung.»

Aber dann musste sie schon nach zwei Wochen zurück, das Heimweh zu Mama war übermächtig geworden. Zuerst hatte Äbersold innerlich geflucht, aber dann hockte sie sauber im Flug aus Miami neben einem Argentinier und erzählte dem von der perfekten Ordnung bei der Filiale in Nassau und wie sie das alles überwacht und so weiter. Dies, ihre perfekten Mandelaugen, vielleicht auch die hochgelagerten Beine hatten auf jeden Fall gewirkt.

Am Montagmorgen kreuzte Menendes aus Argentinien höchstpersönlich in der Zweigniederlassung der Schweizer Bankunion auf und deponierte fünfzig Tonnen. In Nassau natürlich, aber nur mal zum Anfangen. Das war großartig, denn einen kleinen Schub konnte man dort immer gebrauchen. Und wofür haben wir denn diese Niederlassung, hatte Äbersold gekichert, wenn nicht, um blödsinnige Regulatorien wie Identifikation des Kunden und Abklärung der Herkunft des Geldes, mit denen wir hier in der Schweiz belästigt werden, zu umgehen? Außerdem hatte Äbersold dafür gesorgt, dass natürlich er als Kundenbetreuer eingetragen wurde, das machte sich gut beim Bonus und überhaupt.

Carla war das egal, sie hatte da ganz andere Probleme: «Ich meine, das isch doch eine echte Sauerei, habe ich Vetter gesagt am Telefon. Auf dem Unterschriftenbogen Bitterli, den sie mir letzte Woche fedexten, ware auf der Rückseite doch tatsächlich die Charts des Twin River Greyhound Race der vierten Nachmittagsserie des Vor-Samstags draufschriebe! Da muss male Ordnung mache! Und dabei habe ich ja Akte Rufli verlangt! Sie müsse ein Puff haben da drüben, dass einem das Liegen weh tut.»

Aber Krisen sind Chancen, sage ich meinen Kunden immer, sinnierte Äbersold, nachdem er ein paar anteilnehmende Geräusche gemacht und Carla verständnisvoll die Hand auf die Schulter gelegt hatte. Aber nur kurz, denn da konnte man ja heutzutage in Teufels Küche kommen. Hier war wieder ein typischer Fall für Äbersolds Krisentheorie. Seit wir Carla die neue Business Card «Vice President Backoffice Administration» in die Hand drückten und sie die Wochenenden nun in der Schweiz verbringt, haben wir regelmäßig Besuch aus Südamerika, es sind aber auch einfache Schweizer dabei. Ich überlege mir nur, dachte Äbersold, ob Spanisch am Schluss nicht noch besser ankommt als Italienisch.

Juana, der Putzteufel im IT Department (wenn ich die Bezeichnung nur schon höre!, früher sagte man Computerabteilung, und es ging auch), die Juana sieht auch gar nicht schlecht aus, und als Peruanerin sollte sie ja Spanisch können. Probieren geht über studieren. Am Montag gehen wir mal im amerikanischen Konsulat vorbei mit ihr und fangen mit dem Visa-Scheiß an. Ein kurzer Crash-Kurs in Finanzanlagen, das bringt man ja jedem Schimpansen in drei Tagen bei, dann eine Schnupperwoche in Nassau, und Juana fliegt ein paarmal zwischen Lima, Caracas und Zürich hin und her, Business natürlich. Da sollte doch was rumkommen, dachte Äbersold.

Zweiundzwanzig

Wenn Kuster etwas wirklich hasste, dann war es Corporate Communication. Er brauchte im Moment eigentlich mindestens sechs Ohren, um sich all das Gequengel seiner High und Ultra High Net Worth Individuals anzuhören, ob ihr Depot denn noch sicher sei, ob die Kreditunion tatsächlich nicht so im Dreck steckte wie die EBS und ob das denn stimme, dass die EBS noch mindestens hundert Milliarden notleidender Kredite in den Büchern verstecke, und wie das denn bei Kusters Bank genau sei.

Ich weiß doch auch nichts Genaues, dachte Kuster, kann ich etwa in die Bücher der EBS reinschauen? Oder in die meiner Kreditunion? Und selbst wenn ich das könnte, ich bin Kundenberater Private Banking, verdammt noch mal, wieso soll ich jetzt lernen, eine Bilanz zu lesen? Wo soll denn das alles Platz haben im Kopf, der ist sowieso schon voll mit den Adressen von Restaurants, Golfplätzen, Juwelieren, Antiquitätenhändlern, Escort-Services, Weinjahrgängen, Zigarrenmarken, Luxus-Caterern, ja Heilandsack.

Also hatte er nochmals ein Mail an CC geschrieben, mit rotem Ausrufezeichen, höchste Priorität, brauche dringend, unterstrichen und in Großbuchstaben, Argumentekatalog, Q & A für die naheliegendsten Kundenfragen, aber pronto!

Und was hatte er gekriegt? Zuerst ein paar «Out of office»-Mails, dann ein Wischiwaschi von irgendeinem Assistant Senior Communication Officer, dass man sich der Angelegenheit annehmen werde, weitergeleitet, keep you posted, hatte der Dummkopf noch geschrieben. Und während Kuster schon zweimal den Golfplatz und sogar dreimal die längst überfällige Shopping-Tour mit seinem Personal Fashion Adviser hatte verschieben müssen, weil seine Kunden hyperventilierten, kam erst mal zwei Tage lang gar nichts. Auf seine nächste Brand-Mail (erste Priorität, Text in Rot, sehr viele Ausrufezeichen) hatte er postwendend Antwort von dieser Assistenten-Pfeife gekriegt: «Out of office, habe nur limitierten Zugang zu meinem Account, bitte wenden Sie sich in dringenden Fällen an info@communication im Intranet.»

Da hatte Kuster dann aber zum Telefonhörer gegriffen, als sein Apparat gerade mal nicht klingelte, und die Head of Corporate Communication persönlich verlangt. War aber, schon fast auf der Zielgeraden, von deren Personal Assistant noch abgefangen worden, nein, gerade wichtiges Meeting, nehme sein Anliegen gerne entgegen, verspreche umgehende Antwort.

Kuster hatte gerade mühevoll einen gewissen Igor, ungern erinnerte sich Kuster an das Besäufnis, das dem Depot-Vertrag vorangegangen war, davon überzeugt, dass er nicht sofort alle seine Kohle in Gasprom oder Gold oder Fabergé-Eier stecken müsse, als tatsächlich sein Mail-Eingang bimmelte, Absender: from the desk of Head of CC. Na immerhin, sagte sich Kuster, hoffentlich ist der Q & A nicht zu lang, da müsste ich ja noch ewig auswendig lernen.

Dann machte er das erste der zahlreichen Attachments auf und bekam einen roten Kopf. Schnell klickte er sich durch die weiteren 17 Anlagen, die seinen ersten Verdacht aber auch alle nur bestätigten. Kuster hämmerte auf den Knopf seiner Gegensprechanlage: «Müller, sofort ein Glas Milch, sonst kriege ich noch einen Infarkt hier.» Müller eilte eine Minute später mit einem wohlgefüllten Glas in Kusters Büro, schaute ihn kurz an und zog sich sofort wieder zurück. Kuster nahm vorsichtig ein paar Schlucke und stützte den Kopf in beide Hände. Er hatte die sicherlich vollständige Liste der Press Releases der Kreditunion, dazu noch das Interview des CEOs mit der NZZ von vorgestern sowie eine Kopie des internen Manuals «Wie führe ich Anlegergespräche?» gekriegt. Und sonst nichts. Gar nichts.

Und schon wieder blinkte das Licht, das den Anruf eines Ultra-High-Net-Worth-Kunden signalisierte. «Müller», bellte Kuster in die Gegensprechanlage, «verbinden Sie den mit Corporate Communication, nehmen Sie dafür die direkteste Durchwahlnummer, die Sie haben, ich kann hier im Moment nicht mehr.» Dann nahm Kuster das inzwischen geleerte Glas und schleuderte es mit Wucht gegen seinen Computer-Bildschirm.

Dreiundzwanzig

Hugentobler bemühte sich mit allen Kräften, wach zu bleiben. Aber einfach war das nicht. Meistens konnte er diesen Schwachsinn ja vermeiden, aber auch er, nicht zuletzt als Vorbild für seine sieben Abteilungen, musste diese Tortur über sich ergehen lassen. Der gegelte Krawattenträger da vorne langweilte schon seit einer geschlagenen Stunde die anwesenden Banker mit Leverage-Effekten, mathematischen Modellen zum richtigen Einsatz von Derivaten, Short Selling, Widerstandslinien, verbesserten algorithmischen Potenzialkurven, es war zum Mäusemelken.

Vor einer halben Stunde hatte Hugentobler versucht, etwas Stimmung in die Veranstaltung zu bringen, und den frisch der HSG entsprungenen Langweiler gefragt: «Sagen Sie mal, wieso ist denn eigentlich Long-Term Capital Management zusammengekracht?»

«Eine gute Frage», hatte der Bursche aalglatt geantwortet, «die sparen wir uns doch für die Schlussdiskussion auf.»

Aber Hugentobler hatte nicht lockergelassen: «Glauben Sie eigentlich noch an das Black-Scholes-Modell oder an die Brownsche Bewegung?»

«Nun, eine Diskussion dieser Frage an dieser Stelle würde sicherlich den engen Zeitrahmen sprengen ...»

«Nun», hatte Hugentobler nachgelegt, «mich würde eigentlich nur interessieren, ob Sie das klassische Option-Pricing-Modell heute noch anwenden würden oder nicht.»

Schon vor der Antwort hatte Hugentobler innerlich abgeschaltet. Heute kommt doch einfach keiner mehr mit, sinnierte er, der Kerl da vorne weiß wahrscheinlich nicht mal mehr, was LTCM war. 1998 war Hugentobler noch voll dabei gewesen. Das war vielleicht ein spannender Moment, als der Spread zwischen Swap Rate und Treasury Bonds immer weiter angestiegen war, bis LTCM noch ein bisschen mehr als zwei Milliarden in der Kasse hatte, dem aber Verbindlichkeiten im Nennwert von doch beeindruckenden eins Komma fünfundzwanzig Billionen gegenüberstanden. Da wurde es doch eigentlich allen klar, dachte Hugentobler, der Hedgefonds war immerhin von zwei Nobelpreisträgern und dem ehemaligen Vizepräsidenten der amerikanischen Notenbank gemanagt worden, dazu noch der ehemalige Star-Trader Meriwether von den Salomon Brothers, konnte eigentlich nichts schiefgehen.

Der gesammelte Sachverstand dieser Koryphäen hatte die sogenannte Staubsauger-Theorie entwickelt, hier einen Rappen, dort einen Rappen reinsaugen, den niemand sonst sieht, das läppert sich. Tolle Idee, dafür sind aber hohe Volumina erforderlich, die erzielt man nur mit Hebelwirkung, also schlicht und einfach damit, dass man Riesenkredite aufnimmt, so Faktor dreißig, fünfzig im Verhältnis zum Eigenkapital. Wenn's in die richtige Richtung läuft, ein Bombengeschäft, wenn's in die falsche läuft, eine Zeitbombe. Und weil's zuerst bombig lief, schmiss natürlich jede Großbank der Welt Kredite rein. He, he, kicherte Hugentobler, und allein die EBS-Deppen konnten sich dann offiziell zugegebene siebenhundert Millionen ans Bein streichen. Schlussfolgerung? Kein theoretisches Modell kann die Welt im Allgemeinen beschreiben. Und die Zukunft erst recht nicht. Punkt. Hedgefonds oder Lotto spielen, wo ist der Unterschied? Oder wie sagte das Keynes mal so richtig? «Markets can remain irrational, longer than you can remain solvent.»

So einfach ist es eigentlich, dachte Hugentobler, aber stattdessen muss ich mir jetzt dieses mathematisch unterlegte Geschwätz anhören, unerträglich. Aber Hugentobler bekam noch Gelegenheit zur Rache. Am Schluss machte der Gelträger nämlich den Fehler, ausgerechnet ihn zu fragen, was er denn von den Ausführungen hielte. «Nun», sagte Hugentobler, «wenn ein wirklicher Könner wie Warren Buffett jemals auf solch dummes Gequatsche gehört hätte, dann würde er heute gefälschte DVDs an einer New Yorker Straßenecke verkaufen.»

Dem Gelträger verrutschte etwas das Lächeln im Gesicht, und die übrigen Teilnehmer des Meetings warfen Hugentobler dankbare Blicke zu. Jedenfalls die wenigen, die nicht selbst Gel im Haar hatten.

Vierundzwanzig

Wenn es noch etwas Überflüssigeres als Corporate Communication gab, dachte Äbersold, sogar noch überflüssiger als der Privatlift, den sich der CEO hatte einbauen lassen, weil er angeblich unter Platzangst litt, wenn es also etwas noch viel Überflüssigeres gab, dann war es sicherlich die Abteilung CSR, Corporate Social Responsibility.

Mission Statement, Rules, Code of Conduct, ein reiner Stuss. «Wir begegnen unseren Mitarbeitern und unseren Kunden mit Respekt.»

Wie soll ich dem Volldeppen Pfäffli mit Respekt begegnen? fragte sich Äbersold, der arbeitet doch nur noch bei uns, weil man ihm zu viel Schweigegeld zahlen müsste, wenn man ihn raushaut. Oder wie soll ich denn meinem Kunden Bäriswyl mit Respekt begegnen? Schon am Eingang glotzt der unserer Empfangsdame so penetrant auf die Brüste, dass es eine Schande ist, und dann muss ich mir sein Altherrengesabber anhören. «Haben Sie das gesehen, die hat vielleicht Musik in der Bluse, so einen Vorbau, das sind ja zwei Möpse, können Sie mir mal deren Handy-Nummer geben?»

Mit Respekt, schnaubte Äbersold, Metzgermeister Bäriswyl meinte wohl, mit hundertvierzehn Tonnen Privatvermögen, die er durch das Massenschlachten von Schweinen und anderen Unappetitlichkeiten zusammengerafft hatte, könne er sich nun selbst wie ein Schwein benehmen.

Einmal und nie wieder hatte ihn Äbersold zum White Turf nach St. Moritz eingeladen. Zuerst hatte sich Bäriswyl im VIP-Zelt innert kürzester Zeit sinnlos besoffen, dann hatte er aufs Buffet gekotzt, und nachdem man ihn endlich in seine Suite verfrachtet hatte, bekam Äbersold nachts um drei einen Anruf von der Rezeption, dass es nun wirklich nicht zum Stil des Hotels gehöre, dass ein Gast zwei billigste und offenbar auch besoffene Nutten auf sein Zimmer bugsieren wolle, und Äbersold hatte einiges an Zeit und Geld aufwenden müssen, um den Concierge zu beruhigen, die beiden Prostituierten rauszuschmeißen und Bäriswyl in ein Taxi zu setzen, das ihn zum nächsten

Puff fuhr. Die Rechnung über neuntausenddreihundertfünfzig Franken hatte er natürlich auch noch übernehmen müssen, bei mehr als hundert Mio Vermögen ging das leider nicht anders.

«In unserem Geschäftsgebaren halten wir uns an die hohen ethischen und moralischen Maßstäbe, die ein seriöses und verantwortungsvolles Banking wie auch der Ruf unseres Hauses gebieten.» Wie kamen die nur auf solch einen Schwachsinn, fragte sich Äbersold.

Wenn ich Bäriswyl nach diesem Ausflug nicht unser neustes strukturiertes Hedgefonds-Gebastel angedreht hätte, bei dem alles unklar ist, außer dass wir mehr an seiner Kohle verdienen als er, dann hätte ich aber ein ziemlich unangenehmes Gespräch mit Business Controlling gehabt, und eine Pfeife von CSR wäre da sicher nicht dabeigesessen.

Und überhaupt, Äbersold kam mal wieder in Fahrt, mehr als sechzig Prozent meiner Kunden sind Steuerhinterzieher und Schwarzgeld-Besitzer, und wie viel Prozent vom Rest schlichtweg Halunken, Gangster oder Mafiosi sind, will ich gar nicht wissen.

Nehmen wir doch nur den Iwanowitsch, hatte sich offenbar in den wilden Zeiten eine Staatsklitsche in Moskau unter den Nagel gerissen. Kam einmal im Jahr, schmiss eine Riesenparty im «Hyatt», das letzte Mal waren sogar die Kaviar-Vorräte zur Neige gegangen, schleppte immer mindestens zwanzig Tonnen zusätzlich an, trennte sich nicht mal beim Vögeln von seinen drei Bodyguards, und zack – in Moskau auf offener Straße erschossen, zweimal in die Brust, einmal in den Hals und der Fangschuss in die Schläfe.

He, he, kicherte Äbersold, das Konto war seither eingefroren, und das würde auch noch ein ganzes Weilchen so bleiben.

«Ziel unseres Handelns ist es, nachhaltigen Wert für die Gesellschaft und die Aktionäre zu schaffen.» So ein Mist, schäumte Äbersold. Ziel meines Handelns, also unseres Handelns, ist es, mir möglichst viel Kohle abzugreifen, damit ich bald einmal so einen Schwachsinn nicht mehr lesen muss und endlich friedlich mit Maria, Juana oder Angelina durch die Karibik schippern kann. Äbersold schüttelte sich noch mal, drückte auf die Delete-Taste und spülte damit die letzte Rund-Mail von CSR dahin, wo sie hingehörte: in den Orkus.

Fünfundzwanzig

März ist immer die Zeit des Jahres, die Luxusautohändler in Zürich und an der Goldküste herbeisehnen und gleichzeitig ein wenig fürchten. Denn dann werden die Boni der Banken bekanntgegeben, und kurz danach bilden sich lange Schlangen vor den Porsche-, BMW- und Mercedes-Garagen, während die Vertretungen von Bentley und Rolls-Royce den kleineren Andrang abfedern können, abgesehen davon weiß ja jeder Banker, dass es sowieso mindestens ein halbes Jahr dauert, bis da das Wurzelholz fertig geschnitzt ist.

Auch Philipp Kuster blätterte fleißig Kataloge durch, stellte sich im Internet schon mal diverse Ausstattungsvarianten zusammen, aber eigentlich war er furchtbar unentschieden. Er hatte zwar einen Personal Trainer, einen Fashion Consultant, einen Innenarchitekten und eine Wellness-Beraterin, aber niemanden, der ihm bei der Auswahl der richtigen Automarke helfen konnte. Denn dieses Problem musste ja zuerst gelöst werden; welche Marke? Saab, Volvo, das hatte irgendwie nicht das richtige Standing, fiel weg. Ferrari, Lamborghini, ein schöner Traum, aber das ging in seiner Position und als seriöser Private Banker auch nicht. Bentley oder ein Rolls, das könnte er zwar den Kunden gegenüber vertreten, aber solange sein direkter Linienvorgesetzter Mercedes fuhr, wäre das innenpolitisch sicher ein ganz falsches Signal. Porsche ginge eigentlich, aber Kuster war sich einfach nicht sicher, ob er wirklich der Porsche-Typ war. Und BMW? Also solange die nicht einen anständigen Kofferraum bauen konnten, der nicht aussah, als ob man auf den Siebener noch nachträglich einen Deckel drangeklebt hätte, nein, konnte man streichen.

Dann bliebe noch Mercedes, aber irgendwoher hatte Kuster vielleicht ein Jugendtrauma, einen Mercedes stellte er sich immer noch mit gehäkelter Klorollenumhüllung auf der Hutablage vor. Kuster seufzte, jetzt hatte er schon fast den ganzen Vormittag mit diesem Problem verbraten, und er war immer noch keinen Schritt weiter. Vielleicht der neue Citroën C6, dachte er in leichter Verzweiflung, aber das gäbe wahrscheinlich auch das falsche Signal, Künstlertyp, irgendwie unangepasst, gar nicht gut. Und die Modellpalette hörte bei achtzigtausend auf, das war ja lächerlich. Oder ein Lexus? Wäre vielleicht eine Option, aber irgendwie kriegten die Japaner einfach nicht diese Klasse in der Linienführung hin, die es ja doch sein sollte.

Kuster war schon fast entschlossen, das Problem als pendent abzuhaken und sich auf das Mittagessen vorzubereiten, als er plötzlich eine Idee hatte. Wieso bin ich da nicht schon eher drauf gekommen, schüttelte er den Kopf, ein Blick auf die Uhr, das reichte noch. «Muss mal kurz weg, nicht erreichbar», sagte er im Hinausgehen zu Müller, dann fuhr er in die Tiefgarage hinunter und öffnete mit seinem Badge den vornehmeren Teil.

Okay, sagte sich Kuster, war ja eigentlich zu erwarten, viele BMWs, noch mehr Mercedes, mal ein Jaguar, ein paar Bentleys, Porsche, ein einziger Rolls, irgendein Irrer fuhr offenbar Smart, aber eigentlich enttäuschend. Aber dort, ein Lächeln stahl sich auf Kusters Gesicht, das war endlich mal ein Lichtblick. Bewundernd näherte sich Kuster dem Maserati Quattroporte. Elegante Linienführung, sah selbst im Banker-Dunkelgrau rattenscharf aus. Voller Elan eilte Kuster wieder in sein Büro, winkte sogar Müller leutselig zu und setzte sich wieder vor den Bildschirm. Eine weitere angenehme Überraschung, der kostete ja nicht einmal zweihunderttausend, weniger als der Mercedes CL 600, mit dem Kuster schon ein wenig geliebäugelt hatte.

Beschwingt stürzte sich Kuster in seinen Kundenlunch, und nachdem er sich lange genug das dumme Gerede über Polo, Golfplätze in Thailand und In-Schuppen in New York angehört hatte, lenkte er vorsichtig das Gespräch auf Automarken und welche wohl zu ihm, Kuster, passen würde. «Also eins kann ich Ihnen sagen», antwortete sein Kunde, zweihunderteinundsechzig Tonnen im Depot, Potenzial für mindestens vierzig mehr, «bei einem Banker, der Maserati fährt, würde ich sofort meine Kohle abziehen.»

Sechsundzwanzig

Also das mit diesen Funds of Funds war ja eigentlich eine genialere Idee, als der Erfinder sich je ausdenken konnte. Dass du da gleich zweimal kassieren kannst, ist ja schon mal per se ein Hit. Nein, der wahre Vorteil liegt in der Tatsache, dass nun tatsächlich kein Schwein mehr durchblickt und du deshalb de facto von jeglicher Auskunftspflicht befreit bist.

Da wollte doch Bitterli letzthin wissen, was er unter den folgenden Aussagen im Quartalsbericht seines Global Beta Fonds zu verstehen habe: «The developed currency selection strategy was our biggest contributor for the quarter, given our short positions in the New Zealand dollar, Japanese yen and UK pound sterling, relative to the US dollar. The emerging markets currency selection strategy was also up as a result of our long position in the Brazilian real and our short position in the South African rand. Positive performance in the fixed income country selection strategy was attributable to our short positions in Japan, Switzerland and Canada. These gains were partially offset by weak performance in the volatility trading strategy, due primarily to our short-dated positions in fixed income volatility.»

«Darf ich fragen, Herr Bitterli, geht es Ihnen mehr um das Englische, die Fachausdrücke oder den Inhalt? Dieser Bericht scheint mir nämlich recht instruktiv das Geschehene wiederzugeben, und Sie werden kaum eine Bank finden, die so offen über ihre Hedgefonds-Strategie informiert.» Nein, sagte Bitterli, er verstehe nicht, wie man bei einer Schweizer Bank short sein könne mit Schweizer Oblis, das seien ja sicher die besten im Vergleich zum Schrott, der offensichtlich in diesem Fonds parkiert würde, aus Brasilien zum Beispiel. Und überhaupt, das «Volatility Trading» sei ja wohl etwas, das der Bank schon seit einiger Zeit über den Kopf gewachsen sei.

«Entschuldigung, Herr Bitterli, wir haben hoch spezialisierte Akademiker an Bord, die ihre Supercomputer bis zur Kernschmelze treiben, um solche Strategien zu entwickeln! Mit Ihren Bemerkungen könnten Sie einem richtig die Freude an der Zielerreichung verderben, nämlich Ihre maximale Zufriedenheit und Sicherheit zu garantieren.»

Zum Glück hatte Bitterli nicht viel Zeit, aber doch noch gerade so viel, dass ihm Äbersold seinen neuesten Trick andrehen konnte, den Gamma 14 Fund of Funds: «Ich sehe, Herr Bitterli, Sie beschäftigen sich mit den Details und die starken Performance-Schwankungen machen Ihnen eindeutig zu schaffen. Für Ihr Kundensegment hat unsere Research-Abteilung ein neues maßgeschneidertes Produkt entwickelt, Gamma 14 ist sein Name. Es ist ein Fund, der 14 verschiedene inhouse und andere Funds in unterschiedlicher Gewichtung, natürlich alles wissenschaftlich optimiert, in sich vereinigt. Wenn Sie mindestens zehn Tonnen in diesen Fund umschichten, dann kann ich auch etwas tun für Sie in Sachen Ausgabegebühr und Rücknahmekommission Ihrer Altfonds; ich würde mal sagen, wir können das schaukeln für ein Komma fünf Prozent global. Der Vorteil, Herr Bitterli, liegt auf der Hand: Der Gamma 14 ist derart ausgewogen, dass wir davon ausgehen, dass da immer etwas anfällt, ob die Börse hoch- oder runtergeht, Brasilien in Default fällt oder zu zehn Prozent Wachstum anhebt, ob der Schweizerfranken auf zwei Euro fällt oder der Dollar auf fünfzig Rappen, ha, ha.»

Seit jener unangenehmen Sitzung ist wenigstens bezüglich der zehn Tonnen in Bitterlis Depot Ruhe. Äbersold schickt Bitterli jedes Quartal die Berichte der vierzehn Fonds sowie des Gamma 14, und der scheint jeweils mehr als drei Monate mit dem Studium des ganzen Mists beschäftigt zu sein. Es scheint ihm noch gar nicht aufgefallen zu sein, dass der Gamma 14 bis heute eine rote Null lieferte; für Bitterli. Für Äbersold war es das Geschäft der Geschäfte, hundertfünfzig Kisten Umschichtung und Gebühren. «Baumann hätte damit schon viel früher anfangen sollen. Man hätte sich einige Diskussionen ersparen und die Gebühren-Kuh melken können! Ja nu dä, besser spät als nie!»

Siebenundzwanzig

Fritz Muggli wusste die Annehmlichkeiten durchaus zu schätzen, die seine Position als Head of Media Relation der Bankunion mit sich brachten.

Die Hintergrundgespräche in der «Juwelenhalle», oder, fürs Fußvolk, im «Marquese» gleich an der Dufourstrasse – wie die Augen eines solchen Schreiberlings leuchteten, wenn er ihm sagte: «Nun, mein Lieber, angesichts Ihrer neuen Position als zweiter stellvertretender Ressortleiter Wirtschaft – wollen wir das nicht demnächst in der ‹Juwelenhalle› feiern?»

Wieso die allerdings alle soffen wie die Löcher, das konnte Muggli, der sich mittags aus Prinzip nur ein stilles Wasser bestellte, nicht verstehen. Und dann immer diese zerknitterten Anzüge, unpassenden Krawatten, auch noch schlecht gebunden, unangenehm. Und erst dieser Hundeblick, wenn er sich vertraulich nach vorne lehnte und sagte: «Also da können Sie einen Primeur draus machen, aber Sie haben es nicht von mir, auf dem Gebiet der Steuerharmonisierung scheint sich etwas zu bewegen.»

Und erst die Einladungen, damit erkaufte man sich mindestens ein halbes Jahr reine Lobhudelei: «Unser Head New Business Asia fliegt nach Shanghai, neue Filiale eröffnen, würde es Sie interessieren, ihn da zu begleiten? Business selbstverständlich, Spesenkonto sowieso», und dann erschien prompt und immer ein netter Artikel, der die geradezu visionäre internationale Expansion der Bankunion im Allgemeinen abhandelte und als szenischen Einstieg die Eröffnung einer neuen Filiale in Shanghai benutzte.

Angenehm war auch, jeden beliebigen Chefredaktor der Wirtschaftspresse anrufen zu können: «Ach, unser CEO möchte sich mal gerne in einem Meinungsartikel zur Thematik Managerlöhne äußern, wann können Sie den in Ihrer Rubrik ‹Plattform› im redaktionellen Teil veröffentlichen? Nächste Woche? Prima, werden dann schon so zehntausend Anschläge, das ist doch kein Problem? Dachte ich mir doch.»

Aber jetzt war von Annehmlichkeiten keine Rede. Ein Desaster. Am Samstag hatte der CEO noch fröhlich verkündet, dass die Bankunion von ihrem guten Abschneiden in der Hypothekenfrage profitiere, erfolgreiches Risk Management, vorausschauende Planung, rechtzeitig den Markt gelesen und richtige Schlussfolgerungen gezogen, so macht man das. Die ganze Samstags- und Sonntagspresse war voll von Jubelgesängen gewesen, der Pressedienst der Bankunion kam kaum nach, immer neue Abstracts zusammenzustellen, und Muggli hatte sich schon überlegt, ob es nicht der richtige Moment wäre, mal wieder die Malediven zu besuchen.

Und jetzt das. Vor Börseneröffnung hatte die Bankunion bekanntgegeben, dass man beim genaueren Durchstöbern der Bücher, nun ja, kann ja passieren, läppert sich halt manchmal, drei Milliarden entdeckt habe, die sich eigentlich schon längst in Luft aufgelöst hatten. Muggli griff wieder zum Telefonhörer: «Nein, dem haben wir im Augenblick nichts hinzuzufügen. Nein, wenn wir Hellseher wären, könnte ich Ihnen diese Frage beantworten. Und das ist kein Zitat. Nein, Sie wissen doch, dass wir als börsenkotierte Gesellschaft zurzeit sowieso keine marktrelevanten Informationen … also wirklich. Nein, das können Sie doch alles in der Zwischenbilanz nachlesen, wenn Sie eine Bilanz lesen können. Nein, ich halte es für keinen günstigen Zeitpunkt für ein Hintergrundgespräch, aber gerne in Zukunft mal wieder. Nein, natürlich war uns das am Samstag noch nicht bekannt, meinen Sie etwa, wir halten kursrelevante Informationen zurück?»

Muggli überlegte sich zum wiederholten Mal, wieso er das eigentlich nicht auf Tonband aufnahm und jedem Anrufer einfach vorspielte. Was meinten die Deppen eigentlich? Dachten die in ihrem Suff vielleicht, er würde ihnen verkünden: «Ja, da kommt meiner Meinung nach noch einiges hinterher, keine Ahnung, können locker noch zehn oder zwanzig Milliarden werden. Ja, damit dürfen Sie mich zitieren»?

Wenn das so weiterging, müsste Muggli mal wieder bei ein paar VR-Präsidenten der Medienhäuser anrufen, um sie daran zu erinnern, bei welcher Bank sie eigentlich ihren Finanzhaushalt regulierten. Aber so weit war es ja noch nicht, dachte Muggli, wieso fliege ich eigentlich nicht trotzdem auf die Malediven?

Achtundzwanzig

Kuster war voll in seinem Element, endlich einmal ein Kundengespräch, das auf der richtigen Ebene lief. Kein fürchterliches Besäufnis in der «Juwelenhalle»-Bar, kein Escort-Service, keine Mission impossible wie nachts um zwei herauskriegen, wo es im schlafenden Zürich eine Büchse Almas-Kaviar gab, aber mit sauberem Spiegel, und der Wodka dazu eiskalt, und zwar pronto.

Nein, ein angenehmes Geplauder im Gesprächsraum für wichtigere Neukunden, nicht dieser USM-Unsinn mit Beistelltischchen, auf dem überflüssigerweise ein Videorekorder stand, dazu Schreibblöckli vor jedem Platz, mit aber nur zehn Blatt; einer der erfolgreichen Sparvorschläge der McKinsey-Leute, die dafür Millionen abgeräumt hatten.

Nein, das holzgetäfelte Zimmer war es natürlich, vergoldete Messingknöpfe an den Türen, feine Klassiker aus dem Spezialfundus der Bankunion an den Wänden, schwere Vorhänge, leicht gerafft, handgeknüpfter Perserteppich am Boden, glänzendes Parkett, klassischer Mahagoni-Tisch, gut gepolsterte Stühle, dezente Ledermäppchen vor jedem Platz, mit Büttenpapier natürlich, goldener Caran-d'Ache-Schreiber, die extrafeine Visitenkarte von Kuster beigelegt, die mit Reliefdruck und leicht getönter Oberfläche. Nicht zu protzig, eben einfach schweizerisch stabil, bombensicher, große Tradition.

Und ein angenehmer Kunde, siebzig Tonnen schwer, überlegte sich den Abzug seiner Gelder aus Liechtenstein. Nicht, dass er mit dem deutschen Fiskus Probleme hätte, nein, er fand das Ganze dort einfach langsam degoutant, wie er sich auszudrücken beliebte.

«Nun», sagte Kuster, «mit unserer mehr als zweihundertfünfzigjährigen Geschichte können wir wohl Gewähr dafür bieten, dass Anleger, die Diskretion schätzen, gleichzeitig eine kompetente Bewahrung und Vermehrung ihres Vermögens, bei uns sehr gut aufgehoben sind. Aber nein, Sie bestimmen natürlich die Anlagestrategie, ich würde da eher konservative Werte empfehlen, gute Obligationen, vielleicht ein paar Blue Chips, um eine überschaubare und abgesicherte Dynamik in das Depot zu bringen, gerne lasse ich Ihnen da verschiedene Varianten von unserem Spezialistenteam durchrechnen, darf ich Ihnen noch ein stilles Wasser servieren lassen?

Selbstverständlich, so diskret wir auf der einen Seite sind, so transparent sind wir, was unsere Gebührenstruktur betrifft, auch da sind wir gerne bereit, eine maßgeschneiderte Lösung anzubieten, aber in erster Linie ist uns natürlich das Wohl des Kunden wichtig, am Ende entscheidet ja immer die Werterhaltung und die Performance, genau. Apropos Werterhaltung, Sie sind sich sicher bewusst, dass bei der heutigen Zinslage schon die reine Werterhaltung fast dazu zwingt, im Bereich Overperformance kontrolliert zu investieren? Nun, wir bieten da eine ganze Reihe von Investitionsvehikeln an, die gerade für den konservativen Anleger Performance, Risiko und Potenzial in geradezu idealer Weise verbinden.»

Kuster komplementierte den Kunden zur Tür, machte eine Verbeugung und zog sein Handy aus der Tasche: «Müller, heute ist Weihnachten. Ich sage nur: Siebzig Tonnen Neuanlage, sieht ein wenig aus wie Buchhalter Nötzli, hat aber von Buchhaltung keine Ahnung, he, he. Wenn wir dem nicht für mindestens zwanzig Tonnen ein paar unserer Fonds aufs Auge drücken, dann sollten wir uns gleich bei der Arbeitslosenversicherung melden. Nein, ja nicht, machen Sie die einfache Version, zwei, drei Pies, nicht zu viel Fachchinesisch, dazu alles bis knapp ran an ein Gewinnversprechen, goldene Himmel, rosarote Elefäntchen, Sie wissen ja. Und nehmen Sie Großbuchstaben, der Knacker hat eine Brille auf, die er sich aus Flaschenböden geschliffen hat …»

Kuster legte auf, verbeugte sich noch mal ironisch und sagte: «Willkommen in der Vorhölle, mein Lieber … aber hey, mit siebzig Tonnen bleibt da ja noch genügend für dich übrig, um dir mal eine neue Brille zu kaufen.»

Neunundzwanzig

Die KW 27 war gekommen, und die Projektgruppe «Give away» hatte ihre Hausaufgaben gemacht. Die Dschi-Ais, wie sie sich gerne nannten, Scherz muss sein, hatten das Projekt Kugelschreiber on hold gestellt. Und das Projekt Badetuch in Angriff genommen. Als erster Schritt wurde es in «Project Bath-Towel» umbenannt, kurz PBT, die externe Werbeagentur hatte Muster geliefert, verschiedene Größen, verschiedene Designs, verschiedene Stoffe, ökologisch zertifiziert natürlich, in einer indischen Blindenschule handgewebt.

Gleichzeitig hatten der Customer Relations Manager, unterstützt von seinen beiden Assistenten und zwei weiteren Pfeifen, an deren Namen sich nie jemand erinnern konnte, die Sidelines abgeklärt: Packaging, wie kriegt man das verdammte Ding in den Briefkasten, Kosten-Benefit-Relation, Waschbarkeit, Lifespan, the whole nine yards, wie man zu sagen beliebte. Anfang Juli war es eigentlich klar, dass der geplante Auslieferungstermin erster August nicht mehr gehalten werden konnte.

Aber das Kernproblem hatte sich doch als harte Nuss erwiesen, denn das Kernproblem lautete: Welche Message transportieren wir? Auch die interne Kommunikation und die GL von Elmore, Little & Willis waren involviert worden, eine ganze Wand im Meetingroom war mit Wortfeldern, Kernbotschaften, Values, Mission Statements gefüllt worden. Schweinwerfer richtig einstellen, Assoziationsfelder ausbreiten, das war ein echter Kopfzerbrecher, denn wie sollte man denn Tax, Advisory und Audit, und das machte Elmore, Little & Willis halt, auf ein Badetuch kriegen?

Und als ob das Leben der Dschi-Ais nicht schon schwer genug gewesen wäre, hatte sich in KW 26 plötzlich CCO Werner Meier eingemischt. Wie immer war er grußlos erschienen, hatte sich vor die Wand voller Wordings gesetzt, mit zwei Fingern seine Nasenwurzel gerieben, denn jeder Tag war für den Chief Communication Officer ein Tag, der übermenschliche Leistungen abforderte.

Die Gespräche der Dschi-Ais waren langsam verstummt, unbehagliches Schweigen hatte sich ausgebreitet. Und jeder hatte es ja gewusst, Meier blickte kurz von seinem Blackberry auf und sagte fast unhörbar: «Ich weiß nicht, sind wir wirklich ein Badetuch?»

Der Customer Relations Manager schluckte und wollte schon tapfer etwas sagen, als Meier fortfuhr: «Wie wäre es denn mit Power Plus als Header?»

Die wenigen im Raum, die Meiers Gemurmel verstanden hatten, flüsterten es den anderen zu, und da ging es natürlich sofort los: «Power Plus, PP, großartig», sagte der Customer Relations Manager, seine beiden Assistenten sagten fast im Chor: «Eine Punchline, das ist es, macht sofort alles klar», und auch die beiden weiteren Pfeifen gaben zustimmende Geräusche von sich.

Meier verschränkte noch kurz die Arme hinter seinem Kopf, nickte kurz und verließ den Raum, ohne jemanden anzusehen.

«Alles klar», sagte der Ober-Dschi-Ai, «das kriegen wir bis ersten September hin, wenn wir uns alle am Riemen reißen.»

Aus siebenundzwanzig verschiedenen Vorschlägen der Werbeagentur, wie man Power Plus auf ein Badetuch schreiben könnte, wurde einer ausgewählt, die Blindenschule in Indien fing an zu weben, alles lief im engen time frame, wie es laufen sollte. Die ersten Exemplare trafen ein, Jubel brach unter den Dschi-Ais aus, als Meier wieder einen seiner Blitzbesuche machte. Er nahm eines der bedruckten Tücher in die Hand, obwohl er dafür seinen Blackberry auf den Tisch legen musste, betrachtete den Aufdruck eine Weile und sagte dann: «Also das kann es ja nicht sein, wirklich nicht.»

Die Dschi-Ais erstarrten, und es war gut, dass sie im Gegensatz zu ihren Namensvettern nicht bewaffnet waren. «Aber das war doch dein Vorschlag», sagte der Customer Relations Manager mit einem leichten Beben purer Verzweiflung in der Stimme. Meier starrte auf seinen Blackberry, schüttelte nochmals kurz den Kopf und verließ grußlos den Raum. Die Dschi-Ais beschlossen, in die nächste Bar zu dislozieren und sich sinnlos zu besaufen.

Dreißig

«Aber nein, Herr Künzli», sagte Äbersold und unterdrückte den Wunsch, die Augen nach oben zu rollen, «da muss ich Ihnen, mit Verlaub, widersprechen.» Warum waren nicht alle Kunden wie Bitterli, gelegentlich mal eine Frage, eine kleine Schlaumeierei, und dann konnte man zum Geschäft übergehen und Bitterli einen neuen Fonds aufs Auge drücken und damit seinem Plansoll wieder einen kleinen Schritt näher kommen.

Aber Künzli konnte wirklich nerven, schlappe sieben Tonnen im Depot, dafür bestand er alle zwei, drei Monate auf einem persönlichen Gespräch, und das legte er dann gerne auf elf Uhr dreißig, als ob er mit diesem bisschen auch nur den Hauch einer Chance hätte, zum Mittagessen eingeladen zu werden. Bei McDonald's vielleicht, feixte Äbersold, aber das wollte er sich selbst natürlich nicht antun.

Also gab es einen Kaffee, dann halt noch einen zweiten, wenn es unbedingt sein musste, dazu ein Schokolädli, aber natürlich nicht von Sprüngli, und beim zweiten Kaffee ließ man das weg. Und spätestens um elf Uhr fünfundfünfzig schaute Äbersold seufzend auf die Uhr und sagte: «Herr Künzli, ich nehme mir gerne noch mehr Zeit für Sie, aber jetzt habe ich dann gleich einen wichtigen internen Termin, Update über Anlagestrategien, wollen wir uns da vielleicht vertagen?»

Aber vorher musste er sich immer diese fundamentalistischen Anfälle von Künzli anhören: «Dieser Bankpalast hier an der Bahnhofstraße, das ist doch eigentlich von den Kundengeldern gebaut und finanziert, das ist Ihrer Bank doch nicht zugeflogen.»

Äbersold hätte am liebsten gesagt: «Mit Ihren schlappen sieben Tonnen bezahlen Sie doch höchstens den Kaffee und die Heizung hier, und wenn ich Ihnen noch eine weitere halbe Stunde meiner kostbaren Zeit widme, dann machen wir eigentlich schon Verlust.» Aber stattdessen wiederholte er: «Da muss ich Ihnen wirklich klar widersprechen. Wie Sie ja wissen, geschäften wir ja auch auf eigenes Risiko, und mit den dabei erzielten Erträgen können wir Ihnen ein Ambiente bieten, das nicht nur unsere verwurzelte Tradition als klassisches

Schweizer Bankhaus widerspiegelt, sondern auch ein angenehmes Gespräch in einer angenehmen Umgebung ermöglicht, lieber Herr Künzli, Sie möchten ja wohl auch nicht, dass wir uns in der Bahnhofstraße auf eine Bank setzen, nicht wahr?»

Aber Künzli war zu blöd, den Scherz zu verstehen, hoffnungslos: «Und Sie sind ja eigentlich nur daran interessiert, mir eine neue Anlage anzudrehen, damit sich Ihr Bonus entsprechend erhöht.»

Und das ist hart verdientes Geld, dachte Äbersold, während er sagte: «Herr Künzli, muss ich da befürchten, dass Sie die wichtigste Grundlage unserer Geschäftsbeziehung in Frage stellen wollen, nämlich das Vertrauen zwischen Kunden und Berater, das darauf beruht, dass ich mich bemühe, mich nach bestem Wissen und Gewissen für den Werterhalt und die Wertvermehrung Ihres Depots einzusetzen? Falls das nämlich der Fall sein sollte, müssten wir uns wirklich überlegen, ob es noch eine sinnvolle Fortsetzung gibt, nachdem ich Ihnen in den vergangenen Jahren doch eine Performance von durchschnittlich», Äbersold warf einen Blick auf seinen Bildschirm, «von durchschnittlich acht Prozent generierte. Ich kann mir nicht vorstellen, dass Sie das mit Obligationen oder eigenen Anlagestrategien erreicht hätten, aber wenn Sie das wünschen ...»

Das wirkte eigentlich immer, und nur für einen Moment hing der unvollendete Satz im Raum, als Künzli sich schon in die Kurve legte, nicht so gemeint, habe halt nur mal darauf hinweisen wollen, sei ja durchaus zufrieden, könnte aber einfach etwas mehr sein, vielleicht.

Reine Routine, dachte Äbersold, wird langsam langweilig: «Aber sicher, Herr Künzli, das verstehe ich sehr gut. Für ausgewählte Kunden kann ich da einen neuen, geschlossenen Fonds anbieten, geschlossen heißt nicht für jeden zugänglich, aber für einen treuen Kunden wie Sie kann ich da sicherlich etwas machen, Mindesteinlage eine Million, ich kann Ihnen natürlich keine Gewinnversprechen machen, wäre ja unseriös, aber so wie ich das sehe, können da durchaus zweistellige Erträge drinliegen.»

Äbersold war dann doch etwas überrascht, als ihm Künzli überschwänglich für diese Möglichkeit dankte. Wie lange es wohl dauert, fragte sich Äbersold, bis der herauskriegt, was geschlossen wirklich bedeutet?

Einunddreißig

Aber hallo, dachte Kuster, da ruft ja einer meiner Lieblingskunden an, Pete aus …, na, schwer zu sagen, New York, London, Virgin Islands, Pete schien überall zu Hause zu sein. Aber diesmal rief er aus Hongkong an, wie er gleich am Anfang des Gesprächs verkündete.

«Großartig», sagte Kuster aufgeräumt, «lassen Sie sich da ein paar Anzüge machen?»

Eine kurze Pause am anderen Ende der Leitung, dann ein etwas unwirsches «Glauben Sie wirklich, um so etwas würde ich mich selbst kümmern? Also Sie haben manchmal Fragen».

Kuster biss sich auf die Unterlippe, das war kein besonders guter Anfang. Also ging er auf Nummer sicher: «Und was kann ich für Sie tun, Pete?» Kuster atmete auf, damit war er wieder auf stabilem Boden gelandet.

«Ich komme übermorgen nach Zürich, reservieren Sie mir wie üblich die Suite im ‹Dolder›, plus das übliche Besprechungszimmer, mein Assistent gibt Ihnen dann noch die Liste mit allen Details durch, okay?» Unter Details verstand Pete, welche Seife er im Bad vorzufinden wünschte, welches Mineralwasser von irgendeinem Ende der Welt auf genau zwölf Grad gekühlt bereitgehalten werden musste, welche Matratze man aufs Bett zu legen habe und noch ein Dutzend Kleinigkeiten mehr. Das war gar kein Problem, man hätte für Pete auch einen neuen Teppich ausgelegt oder die Suite umgebaut, wenn er das gewünscht hätte, landete ja alles auf der fabulösen Rechnung am Schluss.

Aber es gab da ein Problem, doch Kuster glaubte, dass sich das bewältigen ließ: «Nun, Pete, das ist ein bisschen schwierig im Moment, wie wäre es denn mit dem ‹Baur au Lac›, dem ‹Widder› oder …»

«Was soll das?», unterbrach ihn Pete. «Sie wissen doch, dass ich immer im ‹Dolder› absteige, also verschwenden Sie hier nicht meine Zeit.»

Kuster schluckte kurz, aber da musste er durch: «Nun, das Problem ist, dass das ‹Dolder› im Moment geschlossen ist.»

«Na und?», sagte Pete, und man hörte seiner Stimme deutlich an, dass er wirklich nicht verstand, wie man mit solchen Peanuts seine Zeit verschwenden konnte, «dann lassen Sie es halt aufsperren und regeln Sie das mit meinem Assistenten.»

«Moment», sagte Kuster schnell, denn er hatte die nicht unbegründete Befürchtung, dass Pete gleich auflegen würde, «das geht nicht, es wird umgebaut, Baustelle, kein Stein auf dem anderen, Kräne, Lastwagen, kann man nicht aufsperren.»

Für eine Weile hörte Kuster nur das leise Rauschen der Satellitenverbindung, Pete hatte es offenbar die Sprache verschlagen.

«Pete», sagte Kuster und hoffte, dass er das leise Zittern in seiner Stimme nicht hörte, «ich war selbst vor Kurzem im ‹Baur au Lac›, das lässt wirklich nichts zu wünschen übrig, und neu hätten wir nun auch ein ‹Hyatt› in Zürich, das ...»

«Ein Hyatt!», donnerte es durch die Leitung, als ob Kuster vorgeschlagen hätte, Pete solle im Obdachlosenasyl einkehren, «ich will aber ins ‹Dolder›, kümmern Sie sich drum.»

Kuster kniff die Augen zusammen und lockerte sich die Krawatte: «Ich würde da selbst ein Zimmer für Sie aufschließen, glauben Sie mir, Pete, doch es gibt da im Moment nicht einmal Türen an den Zimmern, tut mir wirklich leid, aber ...»

Kuster war auf das Schlimmste gefasst, aber so schlimm hatte er sich Petes Reaktion auch nicht vorgestellt: «Okay, wissen Sie was? Das war's, dann fliege ich halt nach Paris, das ‹George V› wird wohl nicht gerade umgebaut und das Essen ist auch besser als in Zürich. Mein Assistent wird Ihnen mitteilen, wohin mein Depot bei Ihnen zu transferieren ist. Schönen Tag noch.»

«Pete, Pete, sind Sie noch dran?», rief Kuster verzweifelt in den Hörer, aber nur ein leises Rauschen antwortete. Der macht das wirklich, dieser Irre, murmelte Kuster, und obwohl er die Zahl kannte, rief er schnell das Depot von Pete ab. Hundertsiebzehn Millionen, weg, futsch, auf Nimmerwiedersehen. Bonus für dieses Jahr weg,

Spaß am Leben weg, und das alles nur, weil das blöde ‹Dolder› umgebaut wurde. Und die Häme, wenn bekannt wurde, dass Kuster es nicht geschafft hatte, einem VIP-Kunden das richtige Hotel zu besorgen. Zum ersten Mal in seinem Leben dachte Kuster ernsthaft an Selbstmord.

Zweiunddreißig

Wie schön, dass eigentlich niemand so etwas Banales wie die Prozentrechnung versteht, dachte Äbersold vergnügt. Gerade hatte er einen glücklichen Bitterli bis an die Tür des Besprechungszimmers begleitet: «Da können wir uns wirklich auf einen ergiebigen Wertzuwachs gefasst machten, Herr Bitterli, wie sagt man so schön: The sky ist the limit, das steigt wie eine Rakete, und Gruß an Ihre Frau, wir müssen uns unbedingt einmal wieder im privateren Rahmen treffen, schönen Tag noch», hatte er Bitterli eingesalbt.

Hoffentlich nicht so bald, hatte Äbersold gedacht, ich weiß nicht, ob ich noch mal eine Ladung Erzählungen über Power Shopping ertragen würde, stutenbissige Bemerkungen über völlig verunglückte Frisuren der Freundinnen von Frau Bitterli und spitze Bemerkungen wie, dass Martina, obwohl doch Zahnarztgattin, beim letzten Besuch bei «Tibits» doch tatsächlich das Salatblatt mit dem Messer geteilt hatte, also wirklich schockierend.

«Schauen Sie, Herr Bitterli», hatte Äbersold vorher gesagt, «ich rechne hier mit einem organischen Wachstum von rund fünfundzwanzig Prozent im Jahr, was natürlich einen nachhaltigen Gewinn zur Folge hat, der sich aller Voraussicht nach und logischerweise ebenfalls im zweistelligen Prozentbereich entwickeln wird, also wenn diese Investition kein Winner ist, dann weiß ich auch nicht.»

Bitterli hatte ganz glänzende Augen gekriegt, sich sogar die Lippen befeuchtet, hatte den Anlageprospekt wichtig durchgeblättert, gelegentlich genickt, obwohl er in Wirklichkeit ja keine Ahnung hatte, was ihm da vorgesetzt wurde, und um die AGBs mit ihren ganzen Fußangeln und darin versteckten Gebühren, Kommissionen und

Fees zu lesen, hätte er eigentlich eine Lupe gebraucht, und die hatte Äbersold gerade nicht zur Hand.

«Und das ist auch sicher?», hatte er dann gefragt, und Äbersold schaltete auf Automatik und ließ eines der Bänder laufen, das er seit Jahren abgespeichert hatte: «Nun, sicher ist ja gar nichts, vor allem, wenn es um die Zukunft geht, lieber Herr Bitterli, und Sie wissen, dass ich als seriöser Anlageberater niemals Gewinnversprechen mache. Aber die Wachstumsraten der vergangenen drei Jahre sprechen ja für sich, und ich kann keinen Grund erkennen, wieso sich diese Entwicklung nicht weiter fortsetzen sollte, nicht wahr? Natürlich kann morgen der dritte Weltkrieg ausbrechen, oder Sie werden auf der Bahnhofstraße von einem Tram überfahren, he, he, aber wir wollen doch realistisch bleiben, das ist etwa so unwahrscheinlich wie, dass ich Ihnen einen schlechten Anlagetipp gebe, nicht wahr?»

Bitterli hatte eine Tonne umgeschichtet, wollte sich zwei weitere ernsthaft überlegen, damit war er schon mal fünfzehntausend an Gebühren losgeworden, kein schlechter Stundenlohn, dachte Äbersold. Bitter war allerdings für Bitterli, kicherte Äbersold in sich hinein, dass er nicht prozentrechnen konnte. Wenn ein Markt um fünf Prozent wächst und die Bude, deren Aktien er Bitterli angedreht hatte, tatsächlich jedes Jahr um zwanzig Prozent wächst, dann hätte sie ja in rund sieben Jahren – Äbersold war zu faul, das genauer durchzurechnen – einen Marktanteil von hundert Prozent erreicht, in ein paar weiteren Jahren zweihundert Prozent. In Prozent ausgedrückt geht das ja noch, grinste Äbersold, als er das Tennisrack aus dem Schrank nahm, denn er hatte sich entschieden, aber die reale Welt hört normalerweise bei hundert Prozent auf, da führte leider kein Weg dran vorbei. Natürlich nur außerhalb der Besprechungszimmer der Schweizer Kreditunion, die für die kompetente Beratung von vermögenden Privatkunden reserviert waren. Und für den Fall, dass Bitterli das auch irgendwann einmal aufgehen sollte, da hatte Äbersold auch schon die entsprechenden Tonbänder auf Abruf bereit. Schließlich mache ich das schon mehr als zwanzig Jahre, und das sind definitiv mehr als fünfzig Prozent von meiner Lebensarbeitszeit, denn die hört endgültig und amtlich bei hundert Prozent auf.

Dreiunddreißig

Kuster schreckte von seinem Kopfkissen auf. Vor dem Fenster seines Schlafzimmers funkelten die Lichter des gegenüberliegenden Ufers des Zürichsees, die gedimmten grünlichen Ziffern seines Nachttischweckers zeigten 02:37 h an, und daneben blinkte und schepperte sein Handy. Das dritte, das nur für spezielle Privatkunden reserviert war, die beiden anderen stellte er immer ab sechs Uhr abends auf stumm.

Kuster seufzte, genoss noch für einen Moment, mit welchem unnachahmlichen Geräusch sich sein Pyjama aus Seide an der Bettwäsche aus Satin rieb, dann schaute er aufs Display seines Handys. Dachte ich mir doch, seufzte Kuster zum zweiten Mal, da kann es nur einen geben: «Hallo Wladimir», sagte er dann so munter wie möglich, und viel war da nicht möglich, «hier in der Schweiz ist es eher spät, was liegt denn an?»

Angewidert hielt sich Kuster dann den Hörer vom Ohr weg, Gläserklirren, betrunkenes Gelächter, spitzes Gekicher von Frauenstimmen und mitten im Gegröle Wladimir, der ihm fröhlich mitteilte, dass er wisse, dass es spät sei in der Schweiz, denn er sitze gerade in der «Juwelenhalle» und habe beschlossen, dass es der richtige Moment sei, Luft in die Dreifach-Magnum-Flasche Mouton-Rothschild zu lassen, also eine Jeroboam, obwohl sich das eher nach Scherobomm anhörte, und da müsse Kuster unbedingt dabei sein.

«Hat denn die ‹Juwelenhalle› wirklich noch auf?», verteidigte sich Kuster schwach, denn die Antwort kannte er eigentlich schon: «Für Wladimir immer, mein lieber Freund, und diese Schero-, Tscherobobom, dic möschte isch mit meinen bäschten Freundn trinkn.»

Ich hasse die russische Seele, dachte Kuster erbittert, und ich hasse ihre Trinkfestigkeit, eine Flasche Wein nimmt die nicht mal zur Kenntnis, nach der zweiten Flasche Wodka wird sie gefühlvoll und nochmals furchtbar durstig, und am Schluss wird sie melancholisch, braucht unendlich viel Zuwendung und Bestätigung, dass es nichts Wichtigeres auf der Welt gebe als Freundschaft, und die muss begossen werden, diesmal mit viereinhalb Litern, und dann muss Wladimir am frühen Morgen ins Hotel geschleppt werden, und Kuster darf dann entscheiden, welche der drei platinblonden Nutten, die so lange durchgehalten hatten, mitdarf, denn auch bei spendablen Kunden wie Wladimir war das das höchste der Gefühle, die ein seriöses Schweizer Hotel vertrug.

Kuster schüttelte sich und sagte: «Bin schon unterwegs, Wladimir, druschba.» Das müsste eigentlich Freundschaft heißen, hoffte Kuster, quälte sich aus dem Bett, stellte sich drei Minuten unter das kalte Wasser der Dusche, schmiss sich in den Brioni, der sowieso in die Reinigung musste, frisches Hemd, Krawatte – der seriöse Schweizer Banker war wiederauferstanden.

Als er in die kühle Nachtluft hinaustrat, wartete das Taxi schon, denn wenn Kuster es auch diesmal schaffen würde, ab dem dritten Glas den Inhalt in die Blumenvase, auf den Boden oder in eine der russischen Nutten zu gießen, die Wladimir immer wie die Motten das Licht umschwirrten, unter ein Komma fünf Promille würde auch er nicht davonkommen.

Kuster klopfte an die geschlossene Tür der «Juwelenhalle», aus der Gelächter, Geklirr und Gegröle drang, sagte bloß «Wladimir» zu dessen Bodyguard, der sie mit einer Pranke geöffnet hatte, in der Kusters Kopf problemlos hätte verschwinden können, und dann ging es los. Wladimir erhob sich leicht schwankend, riss dabei das Tischtuch runter, mitsamt ungefähr dreißig Kristallgläsern, und während das Personal eifrig den Schaden wegräumte, wurde Kuster umarmt, geknutscht, auf den Rücken geklopft und neben Wladimir platziert. Dann schleppten zwei Kellner die Jeroboam an, und an den weiteren Verlauf der Nacht konnte sich Kuster nicht mehr erinnern. Vielleicht wollte er es auch nicht.

Darüber sollten die Kritiker von angeblich zu hohen Bankerlöhnen mal schreiben, dachte er am nächsten Morgen bitter, als er das dritte Alka-Seltzer in sich reinschüttete und zusammenzuckte, als er das Glas etwas zu heftig auf seinen Bürotisch stellte. Und wer zahlt mir eine Ersatzleber?, murmelte er noch, als er seinen Bürostuhl nach hinten kippte und einnickte.

Vierunddreißig

«Kaufen Sie Gold», sagte Äbersold leicht gelangweilt, «allerdings wären die Verluste durch das Glattstellen Ihrer Positionen im Augenblick doch substanziell, zuwarten kann auch nicht schaden.» Dann machte Äbersold noch einige mitfühlende Geräusche und legte den Hörer auf.

Eigentlich hatte er tatsächlich ein gewisses Mitleid mit seinen Kunden. Kein Wunder, dass die nicht verstanden, was sich im Moment abspielte, nicht einmal die meisten Banker, nicht einmal die meisten Investmentbanker verstanden es. Dabei ist es doch eigentlich ganz simpel, sinnierte Äbersold. Ist es nicht so, dass die Zinsen so tief gehalten wurden vom großen Orakel Greenspan, weil sonst die Milliarden schlicht nicht zu den Investmentbankern in ihre «Instrumente» geflossen wären?

Und ist es nicht so, dass nur dieser Geldfluss in die «Instrumente» die Milliardenboni garantierte? Mit dem klassischen Geschäft des Geldausleihens und ein paar Börsen- und Couponabrechnungen kann man kaum dreiundzwanzig Milliarden Boni verteilen, geschweige denn erwirtschaften. Hat der alte Alan darum so ein Prestige genossen? Ist es nicht so, dass keine Industrie der Welt auch nur einen Bruchteil der Boni der Finanzindustrie verteilt? Dies, obwohl die Finanzindustrie (im besten Fall) rein gar nichts zum Wohlstand beiträgt, obwohl in den meisten anderen Industrien ganz wesentlich höhere Ansprüche an das Können, die Ausbildung, den Einsatz der Mitarbeiter gestellt werden?

Ist es nicht so, dass äquivalentes Können von «Finanzingenieuren» in der Atomindustrie zu einem wöchentlichen Supergau, in der Autoindustrie zu einem täglichen Rückruf von zwei Millionen Autos, in der Nahrungsmittelindustrie zur Vergiftung ganzer Völker und in der Agrarwirtschaft zu einer weltweiten Totalhungersnot führen würde? Ist es nicht so, dass all die «Instrumente» am Schluss nichts anderes bedeuten, als dass ein Schwarzer ohne einen Penny auf der Seite und einem Paycheck von $ 500.- die Woche (positive Ausnahme) Geld pumpt für eine Holzbude und ein Investor, also ein Sparer, ihm dies leiht? Und dass der Schwarze nie einen Penny Zins zahlen wird, der Investor nie einen Penny Zins erhalten wird, dass der Schwarze den Großteil der Schuld nie zurückzahlen wird, der Sparer den Großteil seines Geldes nie mehr sehen wird, dass aber der Finanzingenieur einen schönen Teil des Transaktionsgeldes in seiner Bonikasse hat?

Und ist es nicht so, dass am Schluss der Schwarze und der Investor sich im Trailer-Park treffen? Oder gleich unter der Brücke? Dies, während der Designer dieses so genialen Deals bereits am nächsten «Instrument» bastelt? Was wird es denn diesmal sein, nach Dotcom, Biotech, Alt-A? Gibt es einen Tipp?

Ist es aber eigentlich nicht so, dass – schon rein mathematisch – dauernde zweistellige Gewinnzuwächse unmöglich sind, wenn die Wirtschaft um lediglich drei bis vier Prozent wächst?

Übersold betrachtete seine Analyse mit Wohlgefallen, daran gab es nichts zu rütteln, das war die Wahrheit und nichts als die Wahrheit. Also schloss sie Übersold in die tiefste Kammer seines Kopfes ein und sagte sich: Schließlich gilt das Bankgeheimnis auch für solche Dinge, das muss ja nun wirklich kein Kunde wissen.

Fünfunddreißig

Hugentobler wusste, dass das ein mieser Tag werden würde. Aber als Generaldirektor mit sieben Abteilungen unter sich musste er da durch. Das Ausmisten bei den Büroschwengeln, wie er die Heerscharen von HSG-Absolventen mit Gel im Haar, aufdringlichem Aftershave und schlechtsitzenden Anzügen nannte, konnte er ruhig Human Resources überlassen. Aber ein paar Kadermitarbeitern musste er die schlechte Nachricht schon persönlich überbringen.

Hugentobler hasste den Moment, wenn so ein Karrierist mit dynamischen Bewegungen sein Büro betrat, einen launigen und eingeübten Spruch losließ und ihn optimistisch-erwartungsvoll anblickte, weil er dachte, dass da wohl nur eine neue Herausforderung mit entsprechendem warmem Geldregen auf ihn wartete. Nur ungern erinnerte sich Hugentobler an einige üble Vorfälle in letzter Zeit, kleine Tschanuns, die ihre Dienstwaffe am Arbeitsplatz zweckentfremdeten, dann die Hass-Mails, Telefonanrufe mitten in der Nacht, vor ein paar Jahren hatte ein Irrer sogar mal echte Fäkalien in Hugentoblers Briefkasten geschmissen, einfach widerlich. Aber mit der Zeit entwickelt man Routine, natürlich hatte er ab morgen neue Handy-Nummern und eine neue direkte Durchwahl, im Nebenzimmer standen zwei durchtrainierte Problemlöser von der bankinternen Security bereit, und für den Fall der Fälle war ihm Personenschutz rund um die Uhr zugesichert worden.

Wieso die das nicht so mannhaft tragen können wie die meisten unserer Kunden, wenn wir denen klarmachen müssen, dass sich leider das Depot in den letzten zwei Monaten halbiert hat. Einer, der immerhin wegstecken musste, dass sich siebenundzwanzig Tonnen in ebenso vielen Tagen in Luft aufgelöst hatten, konnte sogar über den Scherz seines Anlageberaters kichern, der Hugentobler zugetragen worden war: No risk, no fun, hatte der gesagt, der traute sich wirklich was.

Wenn der wüsste, grinste Hugentobler, dass er sich mit diesem Scherz auch den eigenen Hintern gerettet hatte, denn eigentlich war er auch schon auf der Abschussliste gestanden.

Aber hier half nun alles nichts, Hugentobler drückte aufs Knöpfchen, und sein Personal Assistant begleitete Fred M. Weber hinein, servierte ein stilles Wasser und zog sich diskret zurück. Ausgerechnet Weber, dachte Hugentobler, seit siebenundzwanzig Jahren dabei, MBA, Fortbildung in den USA, ein stiller Schaffer, verstand sogar etwas vom Banking, keine schmutzigen Tricks, keine Intrigen, immer loyal, hatte sich gerade ein zweites Ferienhaus auf Mallorca geleistet, mit der Hypothek an der Backe war Weber am oberen Ende der Fahnenstange angelangt, Frau depressiv und in der Klinik, ein Sohn in der Drogenentziehung, tragisch.

«In harten Zeiten braucht es harte Banker wie uns», ließ Weber seinen Spruch los, setzte sich dynamisch auf den Besucherstuhl und fuhr fort: «Was liegt an, eine neue Challenge?»

Hugentobler hasste diesen Moment, aber das musste nun sein: «Fred, bad news, ich möchte es für Sie so kurz und schmerzlos wie möglich machen: Ich habe gerade Ihre Kündigung unterzeichnet. Kein Handlungsspielraum, keine Versetzung, keine Chance. Sie haben in den letzten zwei Quartalen Ihre Umsatzziele nicht erreicht, das können wir uns in der angespannten aktuellen Situation nicht leisten. Es tut mir persönlich sehr leid, aber mir sind die Hände gebunden.»

Webers Körper verlor jede Dynamik, Hugentobler hörte deutlich, wie er schluckte, Webers verbindliches Lächeln gefror zur Grimasse, er verschüttete etwas vom Inhalt seines Glases, als er es in einer hilflosen Geste zum Mund führen wollte. Hugentobler musste es zu Ende bringen: «Freistellung ab sofort, ein halbes Jahr Lohnfortzahlung, mehr konnte ich nicht für Sie herausholen.»

Weber stand unsicher auf, übersah die ausgestreckte Hand von Hugentobler und sagte: «Sie und Ihre Scheißbank sollen zur Hölle fahren.» Dann taumelte er zur Tür.

Da hätte ich etwas mehr Haltung erwartet, dachte Hugentobler, was meint der eigentlich? Ich habe auch meine Gefühle, und nach so einem Auftritt kann ich kein Foie gras bei Petermann's essen, das würde mir auf den Magen schlagen. Und dabei hatte ich mich schon so darauf gefreut.

Sechsunddreißig

Kuster war echt sauer. «Wieso soll ich eigentlich einer Bank vertrauen, die im Wochentakt merkt, dass ihr nochmals ein paar Milliarden abgezwitschert sind, obwohl sie eine Woche zuvor noch heilige Eide schwor, dass es das nun aber endgültig sei?», hatte ihn Neumann aus dem fernen Berlin angeblafft.

Kuster überflog nochmals die Depotdaten, schlappe eins Komma zwei Millionen, wohlwollend gerechnet, der konnte doch eigentlich froh sein, dass Kuster ihn überhaupt zu sich durchstellen ließ, zweihunderttausend weniger, und er wäre höchstens zu Kusters persönlichem Assistenten durchgedrungen.

Kuster überlegte sich, ob er den Quengler einfach zu seinem Assistenten zurückstellen sollte, aber dann riss er sich zusammen: «Als börsenkotierte Gesellschaft sind wir verpflichtet, kursrelevante Informationen akkurat zu vermelden, lieber Herr Neumann, und ich kann Ihnen versichern, dass …»

«Hören Sie mir mit dem lieben Herrn Neumann und Ihrem Bankergequassel auf und beantworten Sie lieber meine Frage!»

Kuster wurde sauer wie Weinessig, aber es konnte ja sein, dass das Gespräch aufgezeichnet wurde, und seit Neustem war die Direktive herausgegeben worden, sich um jeden Kunden – Betonung auf jeden – intensiv zu kümmern. Anstatt dass der Kerl froh ist, dass ich überhaupt meine wertvolle Zeit mit ihm verschwende, das ist doch eine positive Auswirkung des Hypothekenschlamassels, dachte Kuster und nahm nochmals einen Anlauf: «Nun, Herr Neumann, es sind hier tatsächlich Fehler begangen worden, aber die betreffen ja in erster Linie das Investmentbanking, und wir hier im Private Banking können im Rahmen unserer mehr als zweihundertfünfzigjährigen Tradition durchaus guten Gewissens …»

«Gutes Gewissen? Ihr seid doch alles Alpentrottel. Wegen Liechtenstein beißt mir vielleicht demnächst der deutsche Fiskus in den Hintern, und die Kohle, die ich noch übrig habe, wird wahrscheinlich von Ihrer Bank in irgendein Fass ohne Boden gekippt.»

«Ich muss aber doch bitten, Herr Neumann, Beleidigungen sind hier auch nicht hilfreich, also von uns hat der deutsche Fiskus noch nie Kundendaten bekommen, und Ihr Portefeuille bei uns ist so sicher wie das Matterhorn, nicht war?»

«Ach, da bröckelt das Matterhorn aber gewaltig», höhnte Neumann zurück, «im den letzten drei Monaten haben sich doch auch bei mir ein paar Zehntausend in Luft aufgelöst.»

Da kannst du aber noch froh sein, du deutscher Schnösel, dachte Kuster, da kenne ich Schlimmeres. «Momentaufnahmen können nie die Dynamik des globalen Finanzmarktes korrekt wiedergeben», säuselte Kuster ins Telefon, «Risiken sind auch Chancen, und eine momentane leichte Underperformance bedeutet nur, wenn wir es langfristig sehen ...»

«Langfristig sind wir alle tot», keifte Neumann dazwischen, «ich will wissen, ob Sie gedenken, meine Anlage in den nächsten Wochen noch weiter zu Kleinholz zu verarbeiten oder sich Ihren unverdienten Bonus damit zu finanzieren.»

Wenn es reicht, dann reicht's, dachte Kuster finster, und es ist mir wurscht, ob dieses Gespräch aufgezeichnet wird, aus die Maus: «Jetzt hören Sie mal zu und lassen mich ausreden», blaffte er in den Hörer, «wir müssen, wie schon erwähnt, dem deutschen Fiskus gar nichts sagen, aber wie der Sie rupfen würde, wenn wir eine freiwillige Selbstanzeige machen würden, nach der wir Anlass zur Vermutung hätten, dass es sich bei einer gewissen Anlage aus Berlin um dem Geldwäschergesetz unterstehende Mittel handelt, das wollen Sie doch auch nicht genau wissen, oder?»

Kuster genoss das tiefe Schweigen, das aus der Ohrmuschel quoll, da muss der arrogante Piefke erst mal drauf rumkauen, dachte er befriedigt. Aber der Piefke erholte sich wieder: «Ja ist denn das zu fassen, das grenzt ja an Erpressung, das ist ja ungeheuerlich, das lasse ich mir nicht bieten, dagegen werde ich sofort Maßnahmen ergreifen ...»

Mitten in das Gezeter hinein sagte Kuster: «Ach ja, und welche? Wollen Sie Ihre Anlage nach Liechtenstein oder am besten gleich nach Deutschland überweisen? Oder vielleicht in einer Briefkastenfirma auf den Bahamas versenken? Schönen Tach auch», triumphierte Kuster und genoss, wie er das ch von Tach sauber hingekriegt hatte, der kommt mir nicht so schnell wieder so frech. Endlich einmal eine Prognose eines Bankers, die zutraf.

Siebenunddreißig

Ob sich wohl jemals ein Kunde überlegt, wie ein Investmentbanker einen Bonus von hundert Millionen verdienen kann, sinnierte Äbersold, nachdem er Doktor Mangold, auf den Titel legte der Mann furchtbar Wert, routiniert eine Umschichtung der gesamten Anlagen aufs Auge gedrückt hatte. «Wasser, Gold, das sind in Zeiten wie jetzt die richtigen Werte, Herr Dr. Mangold, Ihnen als Akademiker muss ich ja nicht erklären, welche Bedeutung Gold in der gesamten Geschichte der Menschheit hatte oder was für eine Wasserknappheit auf uns zukommt. Aber früher gab es nicht die Finanzinstrumente, die wir heute haben, damit minimieren wir das Risiko und maximieren die Ertragsmöglichkeiten.» Vor allem unsere, hatte Übersold vergnügt gedacht, als Mangold seinen geschweiften Dokter auf die Vollmacht gemalt hatte.

Aber das sind ja nur Peanuts, führte Übersold seinen Gedankengang weiter, an dem verdienen wir damit höchsten eine schlappe halbe Tonne. Nicht schlecht für fünfzehn Minuten Gequatsche, aber immer noch nichts im Vergleich zu einem Investmentbanker, der es mit der bloßen Masse macht. Der besorgt sich mal schnell zweihundert, dreihundert Millionen, die kriegt er bei den heutigen Zinsen ja fast geschenkt, damit pusht er den Kurs irgendeiner kleinen Klitsche, die angeblich ein großes Ding im Bereich Biopharmazeutika vorhat, wartet ab, bis ein paar verzweifelte Hedgefonds, denen überall die Felle davonschwimmen, auf den fahrenden Zug springen, verdient sich an der Kurssteigerung dumm und dämlich, stellt dann auf short um und verdient sich am Abschwung der Aktie noch mal dumm und dämlich, denn seine Kommission hat ja nichts mit realen Werten, sondern nur mit dem von ihm generierten Umsatz zu tun, und wenn ihm irgendein Controller in seiner Bank blöd kommt, dann lässt er sich für einen garantierten Fünfjahresbonus, up front selbstverständlich, von der Konkurrenz abwerben, und wenn er den Kanal immer noch nicht voll genug hat, dann macht er es einfach noch ein paarmal.

Wenn er dann die ganz großen Räder mit entsprechendem Leverage dreht, dann steigt seine Kommission bis in die Stratosphäre. Und dann landet er entweder in der Karibik und schippert mit seiner Superyacht gemütlich von einer Party zur nächsten, oder er landet im Knast.

Das eine ist für ihn persönlich angenehm, das andere weniger, führte Äbersold seine Überlegung fort, während er seine Golftasche aus dem Schrank holte, denn das hatte er sich nach dem kleinen Gespräch mit Doktor Mangold verdient. Aber da Geld ja bekanntlich nicht im Internet oder in einem Reagenzglas gedruckt wird, genauso wenig, wie es in Brennöfen verschwindet, der Investmentbanker mit seiner Tätigkeit keinen einzigen Penny an neuem Wert geschaffen hat, hat er die fünfzig oder hundert Millionen, die er einsackte, einfach geklaut. Von den Kollateralschäden einmal ganz abgesehen, die seine wilden Spekulationen ausgelöst haben.

Sollte man mal mathematisch ausrechnen, grinste Äbersold, wie viel Schaden durchschnittlich ein Investmentbanker insgesamt mit jeder Million anrichtet, die er kassiert. Dürfte sich locker um einen Faktor zehn oder fünfzig handeln, je nachdem, welchen Leveragefaktor er anwendete.

Äbersold ließ sich von seinem Personal Assistant den Golfsack zu seinem Auto tragen, war doch für den auch mal eine schöne Abwechslung, nicht immer nur den Terminkalender nachtragen, Blumensträuße und Cohibas verschicken oder irgendwelche unverständlichen Charts und angeblich maßgeschneiderte Anlagemodelle aus den vorgefertigten Modulen basteln.

Gerade als Äbersold auf den Startknopf seines Jaguars drückte, kam ihm die beste Zusammenfassung der ganzen Chose in den Sinn. Das muss ich mir mal aufschreiben, dachte er, während er das satte Grollen der zwölf Zylinder hörte, aber vielleicht lasse ich das doch lieber. Könnte ja leicht in falsche Hände geraten, dass ein Privatbanker sagt: Die größten Banküberfälle werden heute von den Bankern selbst verübt.

Ist aber nicht schlecht, der Satz, seufzte Äbersold, während er kurz das Gaspedal durchdrückte und prompt geblitzt wurde.

Achtunddreißig

Vom Fenster seines Arbeitszimmers aus konnte Fredy Rysch das fürstliche Schloss sehen, das drohend an den Felsen oberhalb von Vaduz geklebt das enge Tal beherrschte. Trutzig, hässlich, drohend, als ob es jederzeit möglich wäre, dass seine Ziehbrücke heruntergelassen wurde und eine Horde von gepanzerten Raubrittern herausbrach, um die Bauerntölpel im Tal Mores zu lehren. Aber diese Zeiten waren vorbei, der Fürscht, wie ihn hier alle nannten, fuhr im gepanzerten Mercedes vor, und das Schloss benützte er nur noch zu Repräsentationszwecken.

Wie jeder Mitarbeiter der Fürstlichen Effektenbank war Rysch bei seiner Einstellung gefragt worden, ob es ihm etwas ausmache, den Fürscht als seine Durchlaucht anzusprechen, und wie jeder Mitarbeiter hatte Rysch gesagt, dass er damit überhaupt keine Probleme habe. Denn statt aus seinen Untertanen weiterhin den Zehnten herauszupressen, hatte der Fürscht die Zeichen der Zeit erkannt und das Raubrittertum modernisiert. Statt eigene Horden zu unterhalten, bot er einfach Unterschlupf für alle Raubritter der Welt, die auch nicht mehr in unter dem Gewicht zusammengestohlener Preziosen und Geschmeide ächzenden Holzkarren vorfuhren, sondern ebenfalls in gepanzerten Mercedes-Limousinen.

Und dann machte es nur noch leise klick, klack, und eine neue Stiftung war errichtet, einer der Treuhänder von Gnaden des Fürschten sackte fünfzigtausend Franken für fünf Minuten Arbeit ein, und ein neues Treuhänderkonto wurde bei FEB eröffnet. Noch mal klick, und es füllte sich mit Franken, Euro, Yen und immer seltener Dollar. Falls gewünscht, überließ man die Verwaltung den Kollegen in der Schweiz, denn die FEB sparte sich die unnötigen Ausgaben für Backoffice, Analysten, Anlagestrategen und all den Krempel. Mit den Fees, Retrozessionen und Kommissionen verdiente man schließlich genug.

Eigentlich konnte man hier eine ruhige Kugel schieben, seufzte Rysch, alle paar Jahre gab es mal etwas Geschrei, meistens aus

Deutschland, Steuerhinterziehung, Schwarzgelder, Raubgelder, Schweinerei. Aber das prallte alles an den dicken Mauern des fürstlichen Schlosses ab, und Rysch war sich eigentlich sicher gewesen, dass er genauso geruhsam, wie er schon zwanzig Arbeitsjahre verbracht hatte, auch noch die letzten zwanzig vor seiner Pensionierung erleben würde.

Aber jetzt das. Rysch war es von Anfang an unwohl gewesen, als man die Buchhaltung vom guten alten Kontobuch, handschriftliche Einträge durch wenige, absolut vertrauenswürdige Kanzlisten mit Ärmelschonern und kratzenden Federn, dann ab in den Safe, durch modernes Zeugs wie Computer, elektronische Einträge, zuerst grün flimmernde Zahlen auf schwarzen Bildschirmen, dann schwarz flimmernde Zahlen auf weißen Bildschirmen ersetzt hatte.

«Wenn da mal was wegkommt», hatte Rysch gefragt, aber Waldinter, sein damaliger Chef, hatte nur unwirsch abgewinkt, der Fürscht selbst habe sein Wohlwollen gegenüber dieser Modernisierung zum Ausdruck gebracht.

«Wir sind dem Fortschritt durchaus aufgeschlossen», habe der Fürscht höchstpersönlich geruht zu bemerken, hatte ihm Waldinter mit glänzenden Augen berichtet, und ob er, Rysch, die Weisheit dieser Aussage etwa zu bezweifeln wage. Natürlich nicht, hatte Rysch eilfertig bemerkt, keinesfalls, er habe ja nicht gewusst, dass der Fürscht, also seine Durchlaucht höchstselbst, er habe ja nur Schaden abwenden wollen, aber in diesem Fall, und beim Hinausgehen hätte Rysch fast noch einen Kratzfuß gemacht.

Aber nun das. Tausende von Kontonummern, dazu die gesamten Buchhaltungsunterlagen, Briefwechsel, Echtnamen, Adressen, Überweisungswege, alles weg, alles in den Händen der Raubritter des deutschen Fiskus. Der GAU, das Ende der Welt, Rysch wunderte sich, wieso das fürstliche Schloss immer noch so ungerührt am Berghang klebte und nicht mit lautem Getöse ins Tal hinunterkrachte.

Aber immerhin, endlich blinkte das Telefon und riss ihn aus trüben Gedanken, «Fürschtliche Effektenbank, Rysch», sprach er mit dem schweren Schweizer Akzent in den Hörer, der normalerweise sofort Sympathie schaffte. Dieses Naturgesetz ist unzerstörbar, dachte Rysch, den nächsten Dummen gibt es immer.

Neununddreißig

«Ist denn der Depotauszug nicht selbsterklärend, Herr Blumer?», fragte Äbersold scheinheilig. «Wir weisen im Gegensatz zu einigen Mitbewerben sogar alle unsere administrativen Unkosten für die aktive Bewirtschaftung Ihres komfortablen Portefeuilles detailliert aus. Aber natürlich nehme ich mir gerne auch persönlich Zeit für Sie, Herr Blumer, ich könnte Ihnen da ein Zeitfenster, Moment mal bitte» – Äbersold rief seinen Terminkalender auf dem zweiten Bildschirm auf. Oh, das sah nicht gut aus, am Freitag hatte er Anprobe in der Savile Row in London, am Donnerstag hatte er endlich den Termin beim neuen Golfchamp im Club, Mittwoch war ganz zu, zuerst Vorstandssitzung der Offiziersgesellschaft, anschließend der Rotary-Lunch, am Nachmittag Treffen der Ehemaligen der HSG, dann Work-out, das konnte er nicht streichen, denn auch bei ihm forderte die Finanzkrise persönliche Opfer, seine Fitnesslektionen hatte er schon auf nur zweimal pro Woche zusammengestrichen, und am Abend war Kiwanis.

Mühsam, diese ganzen Blumers, über Jahre hinweg hatten sie die netten Profite klaglos eingesteckt, und jetzt gab es mal einen kleinen Rückschlag, läppische fünf Prozent, das machte bei Blumer ganze zwei Tonnen, lachhaft. Im vergangenen Monat hatten sich in Schweizer Depots immerhin über dreihundert Milliarden in Luft aufgelöst, da gab es keinen Grund für Blumer, zu hyperventilieren.

«Also, Herr Blumer, ich könnte Ihnen nächsten Dienstag um acht Uhr dreißig gleich den ersten Termin des Tages anbieten, vorher habe ich noch das daily Meeting, die neusten Updates, Sie verstehen.» Äbersold musste Blumer ja nicht auf die Nase binden, dass er in Wirklichkeit sein daily Meeting im Sprüngli hatte, eine Truffe-Brioche, eine Schale und die NZZ, da stand schließlich genug drin, um den Tag durchzustehen.

«Wie bitte, ein Notfall, bei Ihnen sei Feuer im Depot? Das muss mir aber entgangen sein, Herr Blumer, wir schlagen die Benchmark des Marktes immer noch um eins Komma fünf Prozent, man muss da auch mal das Positive sehen, und jetzt ist nicht der Moment für Hektik, lieber Herr Blumer, ich bin überzeugt, dass die ergriffenen Maßnahmen schon in absehbarer Zeit …» Äbersold hielt den Hörer indigniert vom Ohr weg. Haben diese Dummköpfe denn das Gefühl, die Börse sei eine Einbahnstraße?, seufzte er. Na ja, kicherte er dann, den Eindruck haben wir ihnen ja vermittelt, aber wer macht schon den Fehler, einem Banker ein Wort zu glauben?

Blumer musste mal Luft holen, und Äbersold benützte den Moment, um das Argument einzuspeisen, das eigentlich immer zog: «Sie sollten nicht den momentanen Eindruck verabsolutieren. Unsere Analystenteams, die weltweit rund um die Uhr die Marktentwicklung beobachten, sind der festen Überzeugung, dass der innere Wert, das Potenzial der Anlagen, in die Sie investiert sind, mittelfristig gesehen fantastische Perspektiven bietet. Bei den aktuellen Verwerfungen müssen ja auch Anlagen leiden, die im Gegensatz zu wirklich bedenklichen Investitionen kerngesund sind. Ich kann Ihnen versichern, dass meiner Meinung nach in Ihrem Portefeuille nur erstklassige Aktien enthalten sind, machen Sie sich schon mal auf ein Kursfeuerwerk gefasst, wenn die bedauerliche Missstimmung an den Börsen, wie immer in der Geschichte, ihr Ende findet.»

Äbersold konnte sich den Hörer wieder ans Ohr halten, na also, warum nicht gleich so, dachte er befriedigt, und legte gleich noch eins nach: «Dann darf ich also den Termin am Dienstag canceln, lieber Herr Blumer? Natürlich stets zu Diensten, aber umso mehr Zeit ich für die Betreuung Ihres Depots aufwenden kann, umso besser für Sie, nicht wahr? Nein, Herr Blumer, nichts für ungut, dafür bin ich doch da, das verstehen wir unter persönlicher Kundenbetreuung, einen schönen Tag auch noch.»

Äbersold lehnte sich in seinem Sessel zurück, dann aktualisierte er die Depotdaten von Blumer. Hoppla, dachte er, seit dem Auszug vom letzten Freitag, der Blumer so aufgeregt hatte, war schon wieder eine halbe Tonne verschwunden, dumm gelaufen. Aber darüber würde sich Blumer erst in zwei Wochen aufregen, und bis dahin wird Äbersold sicher wieder etwas einfallen. Äbersold ließ den Termin Blumer in seinem Terminkalender stehen, das ergab eine halbe Stunde mehr im Sprüngli, etwas Ruhe konnte er in diesen Tagen durchaus gebrauchen.

Vierzig

Als sein alter Chef Waldinter noch seine schützende Hand über ihn gehalten hatte, wäre das Fredy Rysch nicht passiert. Aber Waldinter hatte bei der letzten kleinen Schlammschlacht mit den deutschen Behörden das Bauernopfer spielen müssen, bedauerliches Fehlverhalten eines Einzelnen, hatte die Fürstliche Effektenbank verlauten lassen, die personellen und institutionellen Konseqenzen waren in aller Härte und sofort gezogen worden, niemals würde das Fürstentum zu Geldwäsche Hand bieten, selbstverständlich würde die Herkunft von Einlagen strengstens geprüft, aber Menschen machen Fehler.

Dann hatte der Fürscht Waldinter persönlich die Hand geschüttelt und ihn verabschiedet. Waldinter schipperte jetzt fröhlich auf seiner Yacht durch die Karibik und durfte dort, Ausdruck tiefer fürstlicher Dankbarkeit, gelegentlich in den durchlauchtigen Ferienvillas einen Zwischenstopp einlegen, wenn die nicht anderweitig gebraucht wurden, schließlich war das Personal rund um die Uhr verfügbar.

Beneidenswert, dachte Rysch seufzend und nahm den nächsten Anruf entgegen. Inzwischen hatte Rysch schon eine ziemliche Routine entwickelt, von der Begrüßung mit schwerem Schweizer Akzent, die normalerweise doch gleich Vertrauen schaffte, bis zu den ewig gleichen Antworten auf die ewig gleichen Fragen. «Nein, ich halte es für ausgeschlossen, dass dieses Telefonat abgehört wird, also da gibt es doch Grenzen, selbst im illegalen Handeln der deutschen Behörden. Nein, ich kann Ihnen versichern, dass Ihre Kontounterlagen aufgrund unseres aktuellen Wissensstands nicht zu den wenigen gehören, die sich der deutsche Fiskus illegal beschafft hat. Nein, unsere internen Untersuchungen sind noch nicht abgeschlossen.

Nun, ehrlich gesagt würde ich Ihnen von einem persönlichen Besuch im Moment abraten, wer weiß denn, zu welchen Maßnahmen der deutsche Staat noch greift. Durchaus, einen Anwalt zu konsultieren ist sicherlich eine sehr gute Idee. Wie bitte? Nein, um Ihre rechtliche Position gegenüber den deutschen Behörden abzuklären natürlich; ich bitte Sie, die Prüfung einer Verantwortlichkeitsklage gegen unsere Bank, lassen Sie mich das so erklären: Wenn ein Dieb bei Ihnen zu Hause Bankunterlagen entwendet und damit zum deutschen Fiskus rennt, dann können Sie uns doch auch nicht dafür verantwortlich machen.

Aber bei uns wurde eingebrochen? Ja schon, aber dagegen haben wir ja auch schon alle rechtlichen Schritte unternommen, mehr können wir da nicht tun.»

Rysch schnaufte einmal tief durch, gönnte sich eine kurze Kaffeepause und nahm den Hörer wieder in die Hand: «Fürschtliche Effektenbank, Rysch», meldete er sich wieder.

Einundvierzig

«Bank, Banker, Bankrott, was halten Sie von dieser Steigerung?»

Kuster drehte die Augen nach oben. Immerhin ein Kunde, der seinen Humor noch nicht verloren hatte, dachte er. Aber sonst ziemlich viel, das zeigte ihm ein Blick auf den Bildschirm, auf dem er die traurigen Ergebnisse der dynamisch-gewinnorientierten Anlagestrategie abgerufen hatte, die Fritz Bühler von einem fröhlichen Multimillionär in einen weniger fröhlichen Millionär verwandelt hatte.

Aber in den letzten Wochen und Monaten hatte sich Kuster eine dicke Haut zugelegt und auch den Themenwechsel in seinen Kundengesprächen so weit verdaut. Statt über Heliskiing in Alaska, die tollen Partys an der Art Miami, steigende Preise bei russischen Nutten oder das verunglückte letzte Facelifting der gnädigen Frau Gattin zu sprechen, wollten die von ihm betreuten Anleger nur noch wissen, wie man denn die Kahlschläge in ihren Portefeuilles wieder aufforsten könnte.

«Nun, Herr Bühler», sagte Kuster verbindlich, «nach einigen sehr erfolgreichen Jahren heißt es im Augenblick Nerven bewahren, unsere Analysten und Anlagestrategen arbeiten mit Hochdruck daran, die sich abzeichnende Trendumkehr zu antizipieren.»

«Analyst, kommt das von anal, also der fickt den Kunden von hinten?» Kuster verschlug es für einen Moment die Sprache, solche Sprüche kannte er sonst nur von späten Stunden gewaltiger Besäufnisse, die auch er gelegentlich mit seinen russischen Kunden abhalten musste. Aber von Herrn Bühler morgens um halb neun, also wirklich.

Kuster sagte: «Ich verstehe diese Wortwahl als Ausdruck Ihrer momentanen Besorgnis, muss Ihnen aber doch sagen, dass das nicht der Umgangston ist, den wir hier in unserem Traditionshaus billigen. Vielleicht sollten wir das Gespräch auf einen Zeitpunkt verschieben, an dem Sie etwas gefasster sind.»

«Ach so», giftete Bühler weiter, «was halten Sie dann von dem: Wie wird man am schnellsten Millionär? Ganz einfach: Man fängt als Milliardär an und bringt dann sein Geld zur Schweizer Kreditunion.»

Den muss ich mir merken, nickte Kuster, der ist nicht schlecht. Sie waren noch nie Milliardär, hätte er Bühler gerne erwidert, aber das wäre wohl auch nicht der richtige Umgangston gewesen: «Vielleicht sollten wir das Gespräch auf eine mehr sachliche Ebene heben, Herr Bühler», sagte er stattdessen, «Krisen sind ja auch immer Chancen, und Sie befinden sich in der komfortablen Situation, dass Sie eine momentane Underperformance Ihres Portefeuilles nicht realisieren müssen, indem Sie Ihre Engagements glattstellen. Ein Halten dagegen kann bedeuten, dass Sie vom anschließenden Aufschwung in voller Höhe profitieren würden.»

«Aufschwung? Was für ein Aufschwung? Reden Sie da von Ihren Boni oder von meiner Kohle?»

Langsam kapierte Kuster, worum es hier eigentlich ging. Bühler wollte überhaupt nicht über Rettungsaktionen für die traurigen Überreste seiner ehemals siebzehn Tonnen sprechen, sondern einfach etwas Dampf ablassen.

«Sie nix durchstellen, Sie Rysch, Sie nix auflegen, sonst wir Sie besuchen, Sie verstän?» Rysch perlte der Schweiß von der Stirn, das war ja nicht zu fassen, da saß er im ruhigen Ländle an seinem ruhigen Schreibtisch, in seiner ruhigen Bank, und bislang hatte er gedacht, dass es sein größtes Problem heute sein würde, ob er es noch rechtzeitig vor dem Stoßverkehr nach Hause schaffte, und jetzt das. Russenmafia, drohende Gestalten mit Oberarmen wie Oberschenkel, nach Zwiebeln und Wodka stinkend, bezahlte Killer, übel zugerichtete Leichen mit Folterspuren – alle solche Schreckensbilder schossen Rysch durch den Kopf, einmal zu viel das Telefon abgenommen, und das idyllische Liechtenstein mit Schloss, Treuhändern, Holzchalets und einer Bank neben der anderen verwandelte sich vor seinem inneren Auge in ein Kriegsgebiet, Scharfschützen auf den Dächern, hinter jeder Straßenecke eine dunkle Gestalt, aus jedem vorbeifahrenden Auto konnte eine Schrotflinte auf ihn gerichtet werden. Und dabei tat er doch nur, was ihm aufgetragen worden war.

«Was soll ich denn Ihrer Meinung nach tun?», stammelte Rysch, «ich bin doch nur ein Liechtensteiner Banker, der ...»

«Sie zuerst Schnauze halten», unterbrach ihn Iwan schon wieder, «ich Ihnen dann sagen, was tun: Sie erklären, dass Konto nicht existiert, russische Scheißprässe Scheißfähler gemacht, ganz einfach. Sie mir schicken Brief mit großem Siegel, Stempel und alläm, aber schnäll. Kapiert?» Kapiert schon, dachte Rysch, aber wie soll ich das denn tun, das kann ich doch gar nicht.

«Sie, Rysch, noch da? Sie machen, Sie sonst nicht mehr da, da?»

«Ich tue, was ich kann», sagte Rysch verzweifelt, «verlassen Sie sich auf mich.» – «Ich nix verlassen, ich warte auf Brief. Achtundvierzig Stunden. Sonst ...»

Dem «Liechtensteiner Volksblatt» war es nicht mal eine Meldung wert, das «Vaterland» fand immerhin Platz für drei Zeilen unter Vermischtes, dass ein Angestellter der Liechtensteiner Effektenbank beim Überqueren des Fußgängerstreifens, Fahrerflucht, an der Unfallstelle verschieden. Immerhin hatte Rysch nicht lange leiden müssen.

Dreiundvierzig

Eigentlich ist es eine Schande, dachte Äbersold. Da haben wir unsere repräsentativen Empfangsräume für Kundengespräche, schön abgestuft. Kunden unter einer Tonne bekamen sie nicht mal zu sehen, sondern wurden am Telefon abgefertigt. Ab einer Tonne gab es die abgespeckte Version, USM, kleiner Schreibblock, höchstens ein Kaffee oder Mineral im Plastikbecher mit Lindt-Schokolade, der Empfang war gehalten, nach maximal einer halben Stunde anzurufen, was dann der Vorwand für den Abbruch der Besprechung war, wenn Äbersold den Kleinanleger nicht schon vorher losgeworden war.

Ab zehn Tonnen gab es dann bereits die holzgetäfelte Version, echter Perser auf Parkett statt Spannteppich, ein paar dezente Stücke aus dem Kunstfundus an der Wand, Stilmöbel, Lederschreibgarnitur zum Mitnehmen, denn die meisten Besucher waren geizig wie Dagobert Duck.

Dann die UHNWI-Variante in verschiedenen Stilrichtungen, für Russkis, mit schwerem Kristalllüster, geschmacklosen Goldverkrustungen selbst auf der Glaskaraffe, ein Fabergé-Ei, das auch Vekselberg gerne gehabt hätte, als mit einem Spot angeleuchtetes Prunkstück, die Bedienung langbeinig und vor allem blond. Auch hier mussten die goldenen Caran d'Aches oder chinalackierten Watermans ständig ersetzt werden, aber solche Kollateralschäden nahm man gerne in Kauf, wenn man dem Kunden mal wieder eine nette Umschichtungsfee aufs Auge gedrückt hatte. Swiss Banking at its best, Tradition, solide, Bahnhofstraße, währschaft, sicher, dezent, aber luxuriös.

Er drückte auf den Liftknopf für den vierten Stock. Die Tür ging auf, Äbersold bemerkte einen neuen Kaffeefleck auf dem abgenudelten Spannteppich im Gang, ein Mief von abgestandenem Kaffee, Kopierpapier und versagenden Deos empfing ihn. Was ihn fast unerträglich machte, waren die Obertöne von Sekretärinnenparfums, Gucci, Chanel, DKNY, die übliche Mischung. Aber das war noch gar nichts gegen die geballte Ladung, die ihn empfing, als er die Tür zu seinem kleinen Reich öffnete. Sein Vorzimmer war eine bessere Besenkammer, in die mit der Zeit zwei Assistenten reingequetscht worden waren, die sich beim Telefonieren gegenseitig fast den Ellenbogen ins Gesicht drückten. Dann war auch noch Fräulein Kummer zu seinem Team gestoßen, Telefondienst, Ablage, Terminkalender. Ginge ja alles, aber schon an ihrem zweiten Arbeitstag hatte Fräulein Kummer einen Wasserkocher auf ihr Minipult gestellt, in dem sie unermüdlich Gesundheits- und Kräutertees köcheln ließ, denen eines gemeinsam war: Sie stanken unerträglich. Als sie auch noch anfing, gelegentlich lakto-vegetarische Lunchs in Bastkörbchen fürs Mittagessen mitzubringen, die nach eingeschlafenen Füßen in ungewaschenen Socken stanken, hatten Äbersolds Assistenten mit Kündigung gedroht.

Äbersold hatte einen Hilferuf an HR abgesandt, das führte dann zu Teamsitzungen, Mediation, Coaching, Aggressionsabbauübungen und Ernährungsberatung, in einem Wort: zu nichts. Außer dass Äbersold und seine Assistenten einen Blutrausch bekamen, wenn sie den Begriff proaktives Toleranzmanagement noch mal zu hören kriegten. Äbersold hielt verzweifelt die Luft an, öffnete die Tür zu seinem Privatbüro und schloss sie so schnell wie möglich. Aber beim nächsten Luftholen bemerkte er, dass es ihm wieder nicht gelungen war, einen Schwall Anis-Kümmel-Fenchel-Kräutertee draußen zu halten. Seit dem Einbau von Panzerglasscheiben war es mit Fensteröffnen auch nichts mehr, und die Klimaanlage würde wieder mindestens zehn Minuten brauchen, bis der Gestank verschwunden war.

Äbersold ließ sich in seinen Chefsessel fallen, Zartleder, Armlehnen aus lackiertem Mahagoni, hatte früher mal nach großer, weiter Luxuswelt gerochen, inzwischen meinte Äbersold, dass er auch schon den fiesen Duft nach Kümmel angenommen hatte.

Er drückte auf den «Nicht stören»-Knopf, nahm ein weißes Blatt Papier zur Hand und öffnete seinen goldenen Montblanc. Er malte ein K, dann ein großes Fragezeichen. Weiter war er nicht gekommen, als Fräulein Kummer die Tür öffnete: «Sie haben in zehn Minuten einen Termin, Herr Äbersold.»

Er versuchte, die Luft anzuhalten, aber zu spät. Eine Schande, dachte Äbersold wieder, eine Affenschande.

Vierundvierzig

Hugentobler war wirklich unschlüssig. Es ist wirklich nichts mehr so, wie es mal war, seufzte er melancholisch. Früher, ja früher, da hatte das zu seiner wöchentlichen Routine gehört. Meeting im netten Wolkenkratzer an der Avenue of the Americas in Manhattan, ein, zwei Stunden das übliche Gringo-Blabla, great, absolutely, the whole nine yards, big time, new dimension, earth shaker, jackpot, dann hatte man das abhaken können, denn aus all den hochfliegenden Plänen wurde ja eh nichts. Dann ein bisschen Shopping, dann ab in die Suite im Kimberly, im Spa das volle Programm, the whole nine yards, hatte Hugentobler damals geschmunzelt, und dann ab in den Abendflieger nach Zürich, Swissair, First Class natürlich, Sitz 1 F, war immer reserviert.

Manchmal sogar mit der Concorde, war zwar eine quietschenge Bestuhlung, damit schaffte man aber Hin- und Rückflug in einem Tag, und unbezahlbar war der neidische Gesichtsausdruck, wenn er beim nächsten Morgenmeeting Stabstellen fallen lassen konnte: «Sorry, dass ich gestern nicht auf Ihr Memo antwortete, war schnell in New York und erst am späteren Abend wieder an meinem Schreibtisch.» Aber dann kamen die Videokonferenzen auf, das ganze Gequengel, dass nichts über face to face gehe, einen Handshake könne man nicht via Bildschirm machen, hatte nichts genutzt, und falls doch, war First auch gestrichen worden, man musste sich mit Möchtegerns in die Business quetschen.

Dann war die Swissair den Bach runtergegangen, die Concorde auch, und jetzt das. «Meeting four p.m., Americas, enclosed ticket», hatte er heute Morgen mit der internen Post erhalten. Früher ein Anlass zur Freude, jetzt einer zur Sorge. Hugentobler dachte an klickende Handschellen bei seiner Einreise in New York, an eine überfüllte Flughafengefängniszelle, wo er mit schwitzenden Prekariatsmitgliedern aus der dritten Welt eine miefige Matratze teilen musste, der Horror. Wie konnten wir Schweizer Banker nur so tief sinken?, seufzte Hugentobler, aber viel wichtiger war die Frage: Was tun?

Okay, dachte Hugentobler, rumsitzen bringt ja auch nichts. «Verbinden Sie mich mit Legal, Special Department», bellte er in die Gegensprechanlage, und zwei Minuten später stellte ihm seine Assistentin den Anruf durch.

«Mörgeli, was kann ich für Sie tun?»

«Nun», sagte Hugentobler, «ich habe übermorgen ein Meeting in New York, und ich wollte mich mal erkundigen, wie man herausfinden kann, ob es da, ähm, also bei der Einreise juristische Aspekte geben könnte, wenn Sie verstehen, was ich meine.»

Die kurze Pause vor der Antwort bewies Hugentobler, dass er nicht der Erste war, der diese Frage stellte. «Das ist eine Frage, die sich in dieser kurzen Zeit nicht endgültig beantworten lässt», sagte Mörgeli mit neutraler Stimme, «wir müssten da eine Anfrage via Berner Botschaft ans State Departement richten, und selbst wenn wir da eine Antwort kriegen würden, liegt es ja bekanntlich im Ermessensspielraum des Immigration Officer, welche Überprüfungen er für angebracht hält. Wir empfehlen aber, einen sauberen Laptop mitzuführen. Kann ich sonst noch etwas für Sie tun?»

Hugentobler schluckte: «Und falls es zu, ähem, einer solchen Überprüfung kommen würde?»

«Nun, angesichts Ihrer Kaderposition kann ich Ihnen sagen, dass wir selbstverständlich die Lohnfortzahlung bis zu einem Jahr übernehmen, ebenfalls die Kosten aller allenfalls nötigen juristischen Maßnahmen, natürlich unter der Voraussetzung, dass nicht ein persönliches Fehlverhalten vorliegt. Dann wünsche ich Ihnen einen schönen Aufenthalt in New York.» Klick.

Hugentobler saß wie ein begossener Pudel an seinem Schreibtisch. Das darf ja alles nicht wahr sein, dachte er, dann landete er wieder bei der gleichen Frage: Was tun? Endlich kam ihm die rettende Idee, ein kurzer Blick auf seinen Blackberry, dann telefonierte er schon: «Hallo Herr Doktor, wollen wir demnächst mal wieder dein Handicap testen? Prima, hör mal, zuvor brauche ich ein ärztliches Attest, ist wurscht was, ich kann einfach auf keinen Fall fliegen. Wieso lachst du da so blöd? Wie bitte? Ich bin schon der Fünfte diese Woche?»

Fünfundvierzig

«Tja», sagte Äbersold mit geheuchelter Anteilnahme, «leicht volatile Märkte stellen höhere Anforderungen an uns alle.» Vor allem an Millionäre, die zuschauen müssen, wie ihre angeblich sicheren Positionen, Schweizer Großbank, stabil wie das Matterhorn, wie Schnee in der Sonne zusammenschmolzen, dachte er.

Er hörte sich ein Weilchen das leicht hysterische Gebrabbel an, das aus dem Telefonhörer quoll. Bin ich dem Medwedow schuldig, dachte Äbersold weiter, ist natürlich schon ein wenig bitter, wenn man Anfang Jahr noch stolzer Besitzer von zweihundertfünfzehn Tonnen war, von denen sich in nur vier Monaten dreiundsiebzig in Luft aufgelöst hatten.

Okay, nun reicht's, beschloss Äbersold, jetzt werde ich mal ein wenig Fachkompetenz auf den Russki runterregnen lassen, bevor der die dritte Flasche Wodka öffnet: «Jede Medaille hat zwei Seiten, mein lieber Medwedow, das ist so wie beim russischen Doppeladler, nicht wahr?» Nicht schlecht, klopfte sich Äbersold auf die Schulter, nicht schlecht. «Zum jetzigen Zeitpunkt haben Sie tatsächlich Buchverluste, aber wohlgemerkt, erst wenn Sie Ihre Positionen glattstellen, würden Sie die auch realisieren, nicht wahr? Nein, natürlich ist die Investition nicht weg, das sehen Sie völlig falsch, sie lässt sich im Augenblick nur nicht realisieren. Nein, um Himmels willen, eine Schweizer Großbank geht nie pleite, ausgeschlossen, da haben auch wir dann Väterchen Staat, das haben wir doch grad gesehen; da kann ich Sie beruhigen.»

Das Gebrabbel hörte sich schon etwas ruhiger an. Der richtige Moment, da war sich Äbersold sicher, die zweite Stufe zu zünden: «Schauen wir die Sache doch an, wie sie ist, das kann ich Ihnen aus langjähriger Erfahrung sagen. Erste Option: Sie stecken den Verlust weg. Würde ich Ihnen auf keinen Fall empfehlen», sprach Äbersold schnell weiter, «Option zwei: Sie halten die Luft an, bis die Finanzmärkte wieder in ruhigere Gewässer kommen.»

Mache ich ja auch jedes Mal, wenn ich mein Büro betrete, lächelte Äbersold in sich hinein. «Dritte Option: Sie profitieren von der eindeutig zu tiefen Börsenkapitalisierung des Schweizer Kreditvereins und schießen nach. Sie wissen ja: Wenn die Herde in eine Richtung rennt, locken in der anderen Richtung beachtliche Chancen, im besten Fall haben Sie nicht nur die augenblickliche Delle in Ihrem Portefeuille ausgebügelt, sondern stehen auch noch in einem warmen Regen.»

Damit kriegt man sie immer, dachte Äbersold: «Nun, Sie wissen natürlich wie ich, dass Prognosen schwierig sind, vor allem, wenn sie die Zukunft betreffen, he, he. Die Entscheidung liegt natürlich bei Ihnen, ich bin ja ausschließlich als Berater tätig, für gute Kunden wie Sie lege ich einfach alle Karten auf den Tisch, aber ausspielen müssen natürlich Sie.»

Kommt ja nicht in Frage, dass Medwedow bei mir die Schuld sucht, wenn noch mal ein großer Batzen Geld den Bach runtergeht, schüttelte Äbersold den Kopf: «Also konkret, wenn Sie Option drei wählen würden und, sagen wir mal, dreißig Mio nachinvestieren, dann hätten Sie, vorausgesetzt, der Markt bewegt sich in die richtige Richtung, mit den Hebelwirkungen bei einer Kurssteigerung von lediglich fünfzehn Prozent die Buchverluste egalisiert und sogar noch als Sahnehäubchen zehn Mio draufgelegt bekommen. Das würde ich für Sie, all in, für eine Fee von, sagen wir mal, einem Prozent schaukeln, das müsste dann aber unter uns bleiben. Nein – das muss ich ablehnen, schlafen Sie eine Nacht drüber, bevor Sie eine Entscheidung treffen. Selbstverständlich bin ich morgen auch für Sie da.»

Dreihunderttausend, dachte Äbersold, dreißigtausend als Kickback für mich, nicht schlecht für zehn Minuten. Denn er war sich sicher – langjährige Erfahrung ist durch nichts zu ersetzen –, dass Medwedow morgen zuschlagen würde.

Sechsundvierzig

«Wir sind ja sehr schlank aufgestellt», sagte Fritz Steiner und ließ seine hundertvierzig Kilo Lebendgewicht in den Louis-XVI-Sessel fallen. Nicht ohne zuvor seinem Gast formvollendet den Inhalt des Humidors angeboten zu haben.

Steiner warf einen Blick auf seine Breguet Tourbillon und plauderte locker weiter: «Darf ich Ihnen vielleicht etwas anbieten, Kaffee, Sprudelwasser vom lieben Herrn Krug?»

Sein Gast verneinte, also zog sich Steiners Assistentin diskret zurück und ließ die beiden im Besprechungszimmer an der Bahnhofstraße in Zug zurück. Weicher, roter Spannteppich, antike Polstergruppe, schwerer, lederbezogener Schreibtisch, eine Wand mit Rauchglas verziert, damit der Raum größer wirkte, alles jenseits des guten Geschmacks, aber wirksam.

«Sie wissen ja, dass unsere verehrten Großbanken ihre Paläste nicht aus der eigenen Portokasse bezahlt haben», ließ Steiner das Tonband weiter laufen, «sondern von den Profiten der Vermögen, die ihnen anvertraut sind. Bei uns ist das anders, wir haben extrem niedrige Kosten, daher können wir die Erträge fast vollumfänglich an unsere Kunden weitergeben. Transparent, kompetent, profitabel, so sind wir.»

Steiner beobachtete, wie der Blick seines Gastes an der Atmos von Jaeger-leCoultre auf einem goldverkrusteten Wandtisch hängenblieb, war ja auch ein Prunkstück.

«Wir bestehen eigentlich nur aus diesen repräsentativen Räumlichkeiten hier, einem Backoffice, einem klitzekleinen Verwaltungszentrum und natürlich aus unserem Anlageausschuss in London, sozusagen unserem Finanzhirn; dort werden vierundzwanzig Stunden am Tag die Finanzmärkte analysiert und bewertet. Wie bitte? Nein», fuhr Steiner fort und legte das nächste Tonband ein, «Gewinnversprechen machen vielleicht andere, wir nicht, das wäre ja unseriös. Aber ich kann Ihnen Folgendes sagen: In den letzten Jahren konnten wir für unsere Kunden eine durchschnittliche Performance zwischen mindestens zwölf und bis zu zwanzig Prozent bieten. Also im Rahmen dessen, was auch eine gute Großbank schafft. Aber eben, bei uns wird nicht die Hälfte einbehalten, um die gigantischen Headquarters noch luxuriöser aufzumöbeln, sondern wir geben alles an unsere Mandanten weiter. Natürlich abzüglich einer maßvollen Kommission, denn diese Atmos dort arbeitet nur mit Luft, nicht wahr.»

Reine Routine, dachte Steiner wieder, das wird ja langsam direkt langweilig: «Aber natürlich ist Ihr Kapital völlig sicher. Sie würden uns ja nur ein Verwaltungsmandat erteilen, und nur in diesem genau definierten Rahmen haben wir die Möglichkeit, Ihr Vermögen gewinnbringend anzulegen, das im Übrigen bei einer bombensicheren Bank auf einem mündelsicheren Konto eingelagert bleibt.»

Und schon sind wir auf der Zielgeraden, dachte Steiner, als er die nächste Frage beantwortete: «Selbstverständlich, Steueroptimierung gehört zu unseren Kernkompetenzen, Liechtenstein, Guernsey, Bahamas, Panama, da sind wir überall präsent, aber darüber würden wir dann vertieft sprechen, Sie verstehen, nachdem ein paar Formalien wie eine Stillschweigenvereinbarung unterzeichnet sind, nicht wahr.»

Nach den üblichen abschließenden Floskeln drückte Steiner seinem Gast die üblichen Papierchen in die Hand, lehnte routiniert das Angebot, sofort zu unterzeichnen, ab, «schlafen Sie da ruhig nochmals drüber, das gehört zu unseren Geschäftsprinzipien», und komplimentierte den Besucher an die Tür.

Dann schnippte Steiner nach seiner Assistentin, die sich in der Zwischenzeit in der winzigen Küche versteckt hatte, neben einer Besenkammer der einzige weitere Raum in den repräsentativen Empfangsräumen der VAV, Steiners Vermögensanlagenverwaltung AG.

«Jetzt kannst du den Krug mal öffnen», sagte Steiner zufrieden, «der kommt mit mindestens sechs Tonnen.» Während sie den Korken dezent knallen ließ, ruhte Steiners Blick wieder auf der Atmos. Muss dringend mal wieder nach Liechtenstein, dachte er, der Lieferant quengelte inzwischen ziemlich laut wegen der immer noch ausstehenden Bezahlung. Mal kurz in die Fleischtöpfe fassen, kicherte Steiner, mindestens zweihunderttausend in Cash wie immer in die Brusttasche stecken, dann wäre dieses Problem auch gelöst. So machte Vermögensverwaltung wirklich Spaß.

Siebenundvierzig

«Woher soll ich denn wissen, wie viel notleidende Kredite noch abgeschrieben werden müssen?», antwortete Äbersold zum x-ten Mal einem leicht hyperventilierenden Kunden. «Hätte ich die Gabe, in die Zukunft zu schauen, säße ich nicht an meinem Platz hier. Nein, weder ich noch andere Stellen in unserer Bank haben jemals gesagt, dass das letzte Mal wirklich das letzte Mal sei. Nein, natürlich ist Ihre Anlage nur unbedeutend tangiert, oder sind Sie in Subprime investiert, in Leveraged Loans, Alt-A oder gar in CDO? Eben, Sie können das in Ruhe aussitzen.»

Äbersold grinste in sich hinein, denn natürlich verstand er seine Kunden durchaus. Das ist langsam ein wenig so wie in einer Ehe, dachte Äbersold. Man hatte sich vor drei Monaten darauf geeinigt, dass der letzte eingestandene Seitensprung wirklich der letzte gewesen sei, von jetzt an in die Zukunft schauen, die Vergangenheit überwinden, reiner Tisch und so, und dann zeichnet sich wieder ab, dass das nächste Geständnis fällig wird. Das würde ja auch keine Ehe aushalten, führte Äbersold den Gedanken weiter, wenn alle drei Monate die Hosen und die Röcke runtergelassen werden müssten, Karten auf den Tisch, und wehe, man lässt eine im Ärmel stecken.

Das haben wir diesen blöden Amis zu verdanken, Shareholdervalue, Quartalsberichte, und wehe, der Umsatz war nicht mindestens um zehn Prozent gestiegen, was soll der Blödsinn? Als ob man eine sinnvolle Firmenstrategie im Dreimonatstakt aufgleisen könnte. Andererseits spräche ja nichts gegen einen Tagesbericht, neun Uhr morgens local time des Headquarters, kurzer Status, Finanzflussplanung, Assets, das volle Programm, und fünf Uhr nachmittags das Gleiche noch mal, das wäre wenigstens konsequent.

Früher war das wirklich besser, erinnerte sich Äbersold, einmal im Jahr der großartige Geschäftsbericht samt Bilanz und allem Schnickschnack, da hatte man zwei Monate vorher genügend Zeit, das alles aufzupolieren und glattzureiben, stille Reserven anzulegen oder zu aktivieren, Goodwill hochzuschrauben oder einzudampfen. Und falls ein nervöser Anleger durch das Jahr anrief, weil die Aktie zehn Prozent heruntergesackt war, konnte man ihn einfach beruhigen, indem man darauf hinwies, dass er doch das Jahresergebnis abwarten solle, Ruhe bewahren, wer gut essen will, soll Aktien kaufen, wer gut schlafen will, Obligationen, und im Übrigen Klappe halten.

Und jetzt? Jetzt musste man sich sogar komplizierte Algorithmen aus den Fingern saugen, um den möglichen Wert nicht handelbarer Schrottanleihen zu beziffern, und hatte man mal einen Algorithmus erfunden, dann durfte man ihn auch nicht mehr verändern, sondern musste mit ihm weitermarschieren.

Eigentlich bedeutet das nur mehr und unerfreuliche Arbeit, seufzte Äbersold. Denn trotz all diesem Schnickschnack waren die Anleger ja nicht schlauer geworden. Die Kollegen am Paradeplatz und wir selbst haben noch rund hundert Milliarden Miese in unseren Büchern, so einfach ist das doch, und wenn wir die auf einen Schlag abschreiben würden, wären wir pleite, aus die Maus.

Also machen wir es scheibchenweise und hoffen auf bessere Zeiten, beten, dass Barnake nicht so dumm ist und den Leitzins raufsetzt, dass die Ölscheichs hübsch im Sattel sitzen bleiben und Osama und die ganzen anderen Irren nicht wieder ein paar Wolkenkratzer in die Luft sprengen. Na ja, grinste Äbersold, ein Meteoriteneinschlag größeren Kalibers wäre auch schlecht, ein Massenaufstand in China käme ebenfalls ungelegen, und die Explosion eines AKWs ist sowieso immer ein schlechtes Signal. Aber sonst ist doch eigentlich alles in Ordnung, wenn bloß die Anleger nicht immer so schnell hyperventilieren würden.

Aber eben, nickte Äbersold, im Moment ist es wirklich wie in einer Ehe, nach mehrfachem großem Ehrenwort, dass der letzte Seitensprung wirklich der letzte war, fehlt etwas der Glaube an die seitensprungfreie Zukunft. Aber die Anleger sollten sich doch ein Beispiel an vielen stabilen Ehen nehmen: Man gewöhnt sich an alles.

Wieso sollte sich der Investor nicht daran gewöhnen können, dass er gelegentlich gerupft wird?, fragte sich Äbersold und griff wieder zum Telefonhörer.

Achtundvierzig

«Tut mir leid», heuchelte Kuster, «kann ich mir nicht erklären, wieso Sie mich gestern nicht erreichen konnten, ich sitze eigentlich immer an meinem Schreibtisch, und wenn ich mich gerade einmal aufdatieren lasse, um Ihnen kompetent neue Anlageempfehlungen geben zu können, ist mein Sekretariat gehalten, wichtige Anrufe wie den Ihren sofort auf mein Handy zu leiten. Nein, kein Problem, wird nicht wieder vorkommen. Gruß an die Gattin.»

Kuster schüttelte den Kopf, was meint der eigentlich, ständig machen nicht nur in Zürich neue Lokale, Golfplätze, Boutiquen und Antiquariate auf, dazu entstehen neue In-Places, die Preisentwicklung nicht nur der Bordeaux muss im Auge behalten werden, man muss wissen, was das neuste Spielzeug der Superreichen ist, immer noch Hotels kaufen oder schon was anderes, wie soll ich da ständig erreichbar sein? Von meinen sozialen Verpflichtungen ganz zu schweigen, Rotary, Kiwanis, Lion's, Zunft, Offiziersverein, Yachtclub, dann war da die EM, ich weiß ja manchmal nicht, wo mir der Kopf steht. Meinen die eigentlich, ich erreiche mein Jahresziel, vierzig Tonnen Neuanlage, indem ich hier im Büro sitze, Däumchen drehe und gelegentlich blöde Fragen beantworte?

Apropos, dachte Kuster, Neuakquise, genau, da habe ich doch schon zwei Ostzonengewinnler in Berlin an der Angel, denen müsste ich endlich mal zeigen, was überlegene Schweizer Kundenbetreuung ist. Wir dürfen ja nicht, blöde EU, außerhalb der Schweiz richtige Verhandlungen führen, hat ja nicht nur Vorteile, keine Banklizenz im europäischen Umland zu haben. Aber gegen ein gemeinsames Kulturprogramm wird wohl niemand etwas einzuwenden haben, nicht wahr? Schön, dass die beiden beim ersten Kontakt hatten durchblicken lassen, dass sie große Fans der Oper seien, aber nur im klassischen Bereich, nichts Neumodisches, bitte.

«Müller», bellte Kuster in die Gegensprechanlage, «Ihr Organisationstalent ist gefragt. Tatort Berlin, KW 28, würde ich mal sagen, Samstag, Berliner Philharmonie, drei beste Plätze, aber nicht so, dass einem der Kalk der Geigen und Speichelfetzen der Sänger auf den Frack fliegen, Late Dinner im ‹Fischers Fritz›, ist wohl immer noch das einzige Lokal mit zwei Sternen, sollen mal den Homard à la presse in die Pfanne hauen, den gibt's ja nur auf Vorbestellung, für mich die Suite im ‹Schlosshotel im Grunewald› wie immer, Freitag bis Montag. Genau, Limousine stand by, klar, um die Bars kümmere ich mich selbst, falls da Bedarf besteht. Kostenstelle Neuakquisition, richtig. Zuerst abklären, dann Einladung an Nummer 276/1 und 276/2 auf der Liste potenzielle Neukunden, Feedback an mich, asap.» Ein bisschen Entspannung muss ja auch mal sein, sagte sich Kuster, ein Tag geistige Vorbereitung und ein Tag die Leber auslüften, das braucht der Mensch schon.

Keine zehn Minuten später blinkte die Leuchtdiode auf Kusters Anlage. «Sagen Sie bloß nicht, das ‹Schlosshotel› ist ausgebucht. Was? In der Philharmonie hat's gebrannt? Das sind ja keine Zustände, wie soll man da ordentlich Geschäfte machen? Alternativen? Staatsoper unter den Linden? Ist das was? Was kosten da die besten Plätze? Hundertsechzig Euro? Na, ob das wirklich was ist? Deutsche Oper gibt's auch noch? Hundertachtzehn Euro? Spielen die da ‹Geiz ist geil›? Vielleicht sollten wir die beiden nach Zürich einfliegen lassen, damit sie mal sehen, was ein anständiger Sitzplatz kostet. Jenun, dann halt Staatsoper, schauen Sie mal, ob man da auch eine Loge mit Champagner, Häppchen und so kriegt, man will sich ja nicht schämen müssen. Aber das ‹Schlosshotel› ist okay, ‹Fischers Fritz› auch? Immerhin. Schauen Sie doch mal, ob wir einen der Sänger oder besser eine der Sängerinnen auch noch an den Tisch kriegen, aber nur, wenn es keine Walküre ist, die kann ja dann ein paar Gläser zersingen, he, he.»

Je nachdem, wie sich der Abend entwickelt, können wir ja die Sängerin durch zwei oder drei langbeinige Wesen ersetzen, deren Fähigkeiten mehr oberhalb und unterhalb des Kehlkopfes liegen, dachte Kuster. Wo war schon wieder die Preisliste dieses Luxus-Escort-Service von Berlin? Acht Stunden Private Time zweitausendfünfzig Euro, las Kuster und pfiff leise durch die Lippen, das ist wenigstens eine weltstädtische Preislage. Und was kostet ein Weekend? Viertausend Euro, na, man gönnt sich ja sonst nichts.

Neunundvierzig

«Gern geschehen», flötete Äbersold ins Telefon, «für gute Kunden wie Sie geben wir das Beste, und schöne Grüße an die Frau Gattin, die den Abend hoffentlich auch genossen hat.»

Unglaublich, dachte Äbersold, dieser Binswanger ist neunzig Tonnen schwer, kassiert dank meiner unermüdlichen Bemühungen mindestens fünf pro Jahr netto und bedankt sich noch extra für zwei Karten für den Zürcher Opernball. Dabei hatte Äbersold noch schwer überlegt, ob das ein gutes Kundengeschenk sei. Wer den Opernball erträgt, den sollte man auch mal zur Jahresversammlung der Investmentbanker einladen, dachte Äbersold, denn für dieses Kundengespräch würde er natürlich dreißig Minuten in seinen Terminplaner eintragen, das schaffte Raum für ein paar hübsche Reflexionen.

Dann würde Binswanger nämlich verstehen können, dass die Investmentbanker auch Menschen wie du und ich sind, kicherte Äbersold. Natürlich sind das Psychopathen, seelische Krüppel ohne jegliche Skrupel und Gewissen, mit einem Ego, das in keinen Wolkenkratzer reinpasst, ständig auf Koks und allen möglichen Pillen, abends brauchten sie dann zuerst mindestens einen halben Liter Whisky und dann noch ein paar Schlafpillen, die einen Elefanten in die Horizontale befördern würden, um überhaupt runterzukommen. Besonders sympathisch machte sie auch ihre gewählte Sprache; viele von ihnen kamen mit einem Wortschatz problemlos durch den Tag, der eigentlich nur aus fuck, asshole, motherfucker, kill und fucker bestand, in besonders angespannten Situationen vielleicht noch ergänzt durch nuke them, shithole und shove it in the ass.

Aber eigentlich, spann Äbersold seinen Gedanken weise weiter, können sie doch gar nichts dafür. Eigentlich sind sie doch Opfer von ansonsten harmlosen Menschen wie Binswanger, der regelmäßig glänzende Augen bekam, wenn Äbersold ihm von dem Potenzial eines

Mergers vorschwärmte, ganz heißer Tipp, natürlich nicht ohne Risiko, aber andererseits, mögliche Verdoppelung des Einsatzes in sechs Monaten, das war ja auch nicht zu verachten.

Und um da gelegentlich mal einen Treffer zu landen, mussten die armen Investmentbanker ihre Gesundheit und ihren Wortschatz strapazieren, um mit Hebelwirkungen und Instrumenten, die sie schon längst selbst nicht mehr verstanden, Binswangers Träume zu erfüllen.

Okay, dachte Äbersold, der Profit des Investmentbankers hing vom Volumen ab, das er bewegte, aber was konnte er dafür, dass dank Onkel Greenspan einem das Geld fast umsonst nachgeworfen wurde. Vor allem, wenn man wusste: Mit fünfzig Tonnen Einsatz und Verdoppelung kassiert man bloß fünf Tonnen Kommission, aber mit fünfhundert Mio waren es dann schon nette fünfzig Tonnen, und das Beste: Ging die Sache in die Hose, kassierte der Investmentbanker bei fünfhundert Mio dennoch rund fünf Umsatzbeteiligung. Also letztlich für die gleiche Arbeit entweder ein Trinkgeld oder in jedem Fall fünf, oder aber lustige fünfzig, da würde doch auch Binswanger nicht lange nachdenken.

Und erst noch das persönliche Risiko, nickte Äbersold, bei so vielen Haifischen im Teich war man geradezu gezwungen, manchmal ein paar kleine Abkürzungen zu benützen, und dann saß einem die SEC im Nacken, wie jede Staatskontrolle etwas blöde, aber hartnäckig, und eine Papertrail hinterließ man immer, no chance, wenn's wirklich blöd läuft, winkt der Knast.

Das sollte man Binswanger mal alles vorführen, schloss Äbersold seinen Gedankengang ab. Aber vielleicht nicht am Jahrestreffen unserer Investmentbanker, besann sich Äbersold. Bei der letzten Sause in einem extra angemieteten Privatschloss in der Toskana war es ja wieder zu einer Orgie gekommen, gegen die das Rudelbumsen in «Eyes Wide Shut» wie das Unterhaltungsprogramm eines Nonnenchors wirkte. Dann doch lieber Opernball.

Fünfzig

No risk, no fun, dachte Fritz Steiner, solche Kunden sind mit Fingerspitzengefühl zu behandeln. Er kannte den Typ, der konnte sich in keiner anständigen Großbank blicken lassen, unrasiert, Goldkette, riesiger Siegelring am Finger. Wollte zuerst mal Steiners persönlichen Steuerausweis sehen, da dort bei Einkommen und Vermögen eine blanke Null stand, hatte er zufrieden genickt und die Geschäftsbesprechung fortgesetzt.

Steiner hatte ihn in den Sessel der Louis-XVI-Garnitur in dem repräsentativen Empfangsraum seiner Vermögensanlagenverwaltung AG an der Bahnhofstraße in Zug komplimentiert, gar nicht erst gefragt, sondern gleich eine Flasche Krug aufmachen lassen. Nun zündeten sich beide gerade eine Montecristo Torpedo mit zwei goldenen Feuerzeugen an und beäugten sich wachsam. Das Gleiche taten auch Steiners Bodyguard und der seines Besuchers, beide standen sprungbereit in der Nähe der Tür, beide in dunklen Anzügen, die kaum die Muskelberge verbargen, beide eine Hand locker herunterbaumeln lassend und beide die andere Hand wie per Zufall in der Nähe des Revers.

Nachdem die Zigarren brannten und Steiner seinem Gast zugeprostet und einen großen Schluck genommen hatte, eröffnete er die Partie: «Absolute Diskretion ist unser Geschäftsprinzip Nummer eins, persönliche Haftung Nummer zwei, denn ich möchte ja in Ruhe und ohne Bleivergiftung noch ein paar Flaschen von diesem ausgezeichneten Krug runterkippen.»

Der Siegelringträger nickte und leerte sein Glas in einem Zug. Steiner schenkte ihm höflich nach, wobei er darauf achtete, keine zu schnelle Bewegung zu machen.

«Sie hier kein Tonband?» Steiner wedelte missbilligend mit seiner Zigarre: «Sie wollen keine Spuren hinterlassen, ich auch nicht, kein Tonband, kein doppelter Boden, keine Tricks, nur Schweizer Geldwäsche vom Feinsten.»

Der Siegelringträger nickte wieder und machte den zweiten Zug:

«Cash kein Problem, in Dollar, was sind Konditionen?» Steiner tat so, als ob er darüber nachdenken müsste. «Cash kein Problem, Übergabe in Liechtenstein, Guernsey oder Panama», sagte er dann, «Kommission all in fünfundzwanzig Prozent, Garantie, dass das Geld anschließend so weiß ist wie mein Hemd.»

«Und wenn nicht?» Immer die gleichen Fragen, dachte Steiner, und trotz der gut funktionierenden Klimaanlage merkte er, wie er leicht zu transpirieren begann. «Wenn nicht, kriegt mein maßgeschneidertes und handgebügeltes Hemd vielleicht rote Flecken, und das wollen wir ja beide nicht, nicht wahr?»

Der Siegelringträger ließ den Ansatz eines Lächelns über sein Gesicht huschen, und Steiner nahm erleichtert einen weiteren Schluck und schenkte beiden noch mal nach.

«Habe auch Angebot fünfzehn Prozent», gab der Kunde dann zu bedenken. Steiner spürte, dass er auf die Zielgerade einbiegen konnte: «Da gratuliere ich aber und hoffe für Sie, dass das dann nicht in Wirklichkeit hundert Prozent werden. Kam bei mir noch nie vor, sonst wären Sie ja nicht hier, und ich bin schon ein paar Jahre hier. Vielleicht können wir drüber reden, wenn Sie mal eine Zahl in den Raum stellen.»

«Zwanzig pro Monat, kann sein mehr, kann nicht sein weniger.»

Jackpot, dachte Steiner, wenn das stimmt, dann kann ich die Atmos dort drüben endlich bezahlen, und die ausstehenden Monatsmieten und die Raten für den geleasten Mercedes 600 und auch noch alle Lokalrechnungen, super. Und der Krug hier würde sich auch sofort nicht mehr so einsam fühlen.

Steiner ließ sich aber von seinen kleinen Sorgen nichts anmerken und sagte: «Okay, bei zwanzig Tonnen pro Monat gehe ich ausnahmsweise auf zwanzig Prozent runter, nach den ersten sechs Monaten, und dann werfe ich noch eine Stiftung in Liechtenstein gratis rein, wo Sie jederzeit Zugriff auf sauberes Kapital haben. Zinsen ab Eingang an Sie, ein besseres Angebot finden Sie rund ums Matterhorn nirgends.»

Der Siegelringträger nahm einen tiefen Zug an der Zigarre, rieb mit zwei Fingern sein Ohrläppchen, dann hob er sein halbleeres Glas und sagte: «Sie mein Mann.» Steiner war sich nicht sicher, ob er das als frohe Botschaft oder als Drohung verstehen sollte.

Einundfünfzig

«Keine Anrufe», sagte Kuster, «nicht mal von Wladimir.»

Denn jetzt war der Moment gekommen, der höchste Aufmerksamkeit und Konzentration verlangte. Immer einmal im Jahr überlegte sich Kuster nämlich, ob es bei seinem Personal Optimierungspotenzial gab. Natürlich nicht das in der Bank; an Müller, die Pfeife, hatte sich Kuster gewöhnt, außerdem bräuchte er da auch einen Presslufthammer, um den wegzukriegen, und wer dann als Ersatz käme, war ja auch nicht vorhersehbar.

Nein, Kuster wollte sich um sein privates Personal kümmern. Fedora, seine portugiesische Putzfrau, war okay, sie polierte zweimal die Woche sein Loft auf Hochglanz, bügelte seine Hemden knitterfrei, füllte den Kühlschrank ordnungsgemäß auf, klaute nicht, machte nichts kaputt, konnte so bleiben.

Pete, sein Personal Trainer, war auch okay, viermal die Woche gemeinsames Joggen, einmal Work-out mit allen Schikanen, außerdem genoss Kuster Vorzugskonditionen, kein Wunder, dank seinen Vermittlungen war Petes Terminkalender wohlgefüllt. Es gab ja genug reiche Säcke, die auch wie ein Sack aussahen und etwas dagegen unternehmen wollten. Tennislehrer? Hatte er bis zu seinem Tennisarm gehabt, Golflehrer war im beachtlichen Jahresbeitrag in Zollikon inbegriffen. Nichts zu machen.

Ernesto, sein Fashion Consultant, nun, da könnte Handlungsbedarf bestehen, dachte Kuster. War manchmal wirklich zu affektiert schwul, und dass er gedeckte Farben, dazu ein weißes oder blaues Hemd brauchte und bei den Krawatten ja keine Experimente, schwarze Socken, in rahmengenähten Budapestern dazu, dezente Gürtelschnalle, also darauf käme Kuster eigentlich auch alleine. Ebenso, dass er für casual mit Lacoste plus dezenten Markenjeans, höchstens hellbeigen Schuhen, gut bedient war, das wusste er nun auch schon seit Jahren.

Und die Bemerkung zu einem Kunden, dass er nie ohne Begleitung einkaufe, die könnte er ja weiterhin machen. Kostete auch jedes Mal einen Tausender, bloß damit Ernesto bei Grieder ein paarmal wohlwollend nickte und ein paarmal missbilligend den Kopf schüttelte. Okay, dachte Kuster, Ernesto ist gestrichen, was mache ich mit dem frei werdenden Budget? Vielleicht mal wieder den Innenarchitekten kommen lassen? Wäre eine Option, das letzte Mal hatte er sein Loft vor drei Jahren neu durchstylen lassen, Leitmotiv Granit, dazu japanische Federzeichnungen an den Wänden, von diskreten Spots beleuchtet, keine Teppiche, vorherrschende Möbelfarbe Grau, sah eigentlich immer noch ziemlich gut aus, hatte sich auch schon bei ein paar Privatempfängen für besonders wichtige Kunden bewährt, also eigentlich gab es da keinen dringenden Grund, etwas zu unternehmen.

Das wächst sich ja zu einem echten Problem aus, stöhnte Kuster, vielleicht sollte ich Ernesto doch behalten, man hat dann schließlich ein ganz anderes Standing, wenn man eine Kleiderboutique betritt. Andererseits geht er mir wirklich langsam auf den Keks, dachte Kuster und öffnete den obersten Knopf seines hellblauen Hemdes und lockerte die dezent gestreifte Krawatte. Gärtner brauche ich auch keinen, mangels Garten, rasieren und anziehen kann ich mich auch alleine, Chauffeur ist gaga, für die zehnmal im Jahr, wo ich zu Hause esse, brauche ich keinen Koch, allen organisatorischen Privatkrempel erledigt Müller nebenbei, also es kann doch nicht sein, dass ein Zürcher Privatbanker keinen Personalbedarf hat, da muss es eine Lösung geben.

Kuster massierte sich nachdenklich den Nacken, und da kam ihm endlich die rettende Idee. «Ja natürlich», sagte er zufrieden, «wieso bin ich da nicht schon eher drauf gekommen?»

Beschwingt tippte er auf die Gegensprechanlage: «Müller, hier Problem, Sie lösen: Ich brauche einen Masseur, oder vielleicht eine Masseurin. Nein, Müller, also wirklich, Nackenmassage, Ganzkörper,

Hot Stone oder wie das Zeugs heißt, vielleicht auch mal eine Gesichtsmaske, so was. Bei mir zu Hause, sagen wir zweimal die Woche, Sie übernehmen die Terminkoordination. Aber hoppla, wenn's geht, danke.»

Kuster lehnte sich befriedigt zurück. Da sieht man es mal wieder, dachte er fröhlich, es gibt eigentlich kein Problem auf dieser Welt, das ein Zürcher Privatbanker mit einigem scharfen Nachdenken nicht lösen kann.

Zweiundfünfzig

«Ja sicher kann ich dich zurückrufen», sagte Äbersold etwas erstaunt, legte auf und wählte die Handy-Nummer von Kollega Roland. «Na, strube Zeiten bei euch drüben», trompete er dann gut gelaunt in den Hörer, «jetzt müsst ihr dann bald mal das Tafelsilber verkaufen, habe ich gehört. Aber keine Panik, ihr seid doch wie die Swissair, eigentlich unkaputtbar», lachte Äbersold.

Aber dann riss er verblüfft die Augen auf: «Wie bitte? Handy nur noch in dringenden Fällen verwenden? Farbkopien nur in Notfällen? Pizzeria statt ‹Petermann's›? Höchstens Holzklasse, und auch erst, nachdem alle Billigflieger abgecheckt wurden? Nein, sorry, dass ich das alles wiederhole, aber ich bin echt geschockt. Gibt's auch nur noch ein Stück Zucker zum Kaffee? Na komm, ein bisschen Humor muss schon noch sein.»

Aber umso länger Äbersold zuhörte, umso mehr verfinsterte sich seine Miene, da war anscheinend wirklich Feuer im Dach bei den Kollegen auf der anderen Seite des Paradeplatzes. Natürlich hatte auch Äbersolds Kreditunion noch jede Menge Hypothekarschrott, Alt-A, RLN und wie das auch immer hieß, in den Büchern. Aber wenigstens hatte sich nicht das amerikanische Justizministerium in ihren Hintern verbissen, die Privatkunden liefen nicht in Scharen davon, und Äbersold konnte sich nicht erinnern, dass ihm seine Mandanten reihenweise das Telefonat abbrachen, nachdem sie nur gequält gelacht hatten, wie ihm Roland gerade vorjammerte.

«Hier herrscht eine Stimmung wie auf der ‹Titanic›», lamentierte Roland weiter, «bloss sind wir alle völlig unmusikalisch und deswegen spielt nicht mal ein Orchester, und Rettungsboote gibt's auch nicht.»

«Na komm», sagte Äbersold mitfühlend, «Krisen sind auch Chancen, für einen Mann mit deinen …»

«Verschon mich bloß mit diesem Bankergequatsche», unterbrach ihn Roland unangenehm laut, «da kann ich mir auch gleich unsere internen Durchhaltememos vorlesen, aber schön am Bildschirm, Strom haben wir immerhin noch, farbig ausdrucken darf ich es mir allerdings nicht.»

«Na siehst du», sagte Äbersold, «so gefällst du mir schon besser.» Das war sicher der passende Moment für Folgendes, entschied sich Äbersold: «Schau, bevor du fragst, du weißt, dass meine Tür für dich immer offen steht, aber im Moment haben wir eine Bewerberliste, die ist so lang, dass ihr die nicht mal schwarzweiß ausdrucken dürftet. Wenn ich alle Muskeln spielen lasse, kann ich dich vielleicht auf die Short List der ersten Hundert hebeln, aber allzu viel Hoffnungen kann ich dir nicht machen. Aber hör mal, du hast doch sicherlich über die Jahre einiges zurückgelegt, also für wirkliche Panik besteht bei dir doch kein Anlass.»

«Zurückgelegt», quoll es gequält aus dem Hörer, «schon, das war aber, bevor wir so freundlich wie nachdrücklich dazu aufgefordert wurden, als Linienvorgesetzte mit gutem Beispiel voranzugehen und so viele Neuausgaben wie möglich zu zeichnen, und immer, bevor der Kurs einen weiteren Schritt in den Keller runterging. Bloß unser CFO hat gesagt, pfeif drauf, das schafft natürlich auch ungeheuerlich Vertrauen. Versteuern darf ich den Schrott aber zum Optionspreis, das weißt du ja, wenn das so weitergeht, kann ich nach der nächsten Steuerrechnung meine Bücher deponieren, so schaut's aus. Und ob ich nicht ebenfalls auf einer anderen Short List stehe, nämlich die der demnächst zu Entlassenden, bin ich auch gar nicht sicher.»

«Schau», sagte Äbersold, «ich bin mir sicher, dass ihr da ramponiert, aber aufrecht stehend draus herauskommt, jede Garantie, da kannst du mir vertrauen. Ich habe jetzt dann gleich einen Termin, also lass uns das in aller Ruhe bei einem Abendessen besprechen, ich lade ein, ist doch klar, melde mich bei dir.»

Äbersold legte auf, drückte auf die Gegensprechanlage und sagte zu einem seiner zwei Assistenten, die sich die als sein Vorzimmer verkleidete Besenkammer teilten: «Kleiner Auftrag, kaufen Sie aus meinem Privatportefeuille Optionen der Bankkollegen schräg gegenüber, sagen wir mal für hundert, ach was, sagen wir für vierhundert. Ja, vierhunderttausend natürlich, und short, unbedingt short. Und wenn Sie einen guten Tipp wollen: Hauen Sie auch was von Ihrem Geld rein, aber halten Sie bloß die Schnauze, okay?»

Dreiundfünfzig

Das Leben ist schön, dachte Steiner, als er seinen Mercedes 600 die Auffahrt zum «Giardino» in Ascona hinauflenkte. Heute Abend kleine Russensause, Kaviar, Champagner, blonde Nutten. Großartig. Alles reserviert auf seine Vermögensanlagenverwaltung AG, tadellos. Irgendwann würde Steiner sicher auch in der Lage sein, die Rechnung zu bezahlen, aber er hatte sich daran gewöhnt, nicht an solche Peanuts zu denken.

Vorfreudig leckte er sich über die Lippen, stellte den Motor ab und blieb noch einen Moment gedankenversunken hinter dem Steuer sitzen. Ist doch alles ganz einfach, dachte er, man braucht nicht mehr als einen netten, repräsentativen Empfangsraum an der Bahnhofstraße in Zug, ein hübsch möbliertes Backoffice mit mindestens zwei attraktiven Empfangsdohlen in der Nähe, ein großartiges Verwaltungszentrum, in das man bei Bedarf ein paar Wichtigtuer vor geleaste Computerbildschirme setzen konnte, auf denen Bloomberg und der ganze Schrott flimmerte. Dann noch einen Verwaltungsausschuss in London, der nur in seiner Fantasie existierte, aber angeblich Tag und Nacht die großen strategischen Anlageentscheidungen traf. Bedauerlicherweise führten diese Entscheidungen gelegentlich zu massiven Umschichtungen in den verwalteten Vermögen, aber das machte auch Sinn, denn schließlich musste Steiner ja immer wieder nach Liechtenstein, um seine Brusttasche mit mindestens zweihundert Tausendernoten zu füllen. Überall gab man ihm ja nicht Kredit, und so dumm, Kreditkarten zu benützen oder irgendetwas selbst zu unterschreiben, nein, so dumm war Steiner natürlich nicht.

Was sonst noch, dachte Steiner. Ach ja, ein paar Markenzeichen, Breguet am Handgelenk, Cartier-Manschettenknöpfe, ein gut geöltes Mundwerk, vollendete Umgangsformen, wenn es sein musste, genügend primitive Sprüche, wenn der Abend später wurde, dazu noch eine stabile Leber, das war's dann eigentlich schon.

Na, nicht ganz, führte Steiner den Gedankengang weiter, ein Anwalt, der immer knapp davor ist, seine Zulassung zu verlieren, einen vertrauenswürdigen Bodyguard, mindestens eine Assistentin, die weiß, wann der richtige Moment ist, ein paar Unterlagen zu schreddern, ohne dass man ihr das extra sagen musste, eben ein dicker Mercedes in seriösem Dunkelgrau, dann noch eine Bank, auf der man über den Anwalt genügend Konten einrichten durfte, ohne dass zu viele Fragen gestellt wurden – mehr war da wirklich nicht.

Und dann etwas die Trommel schlagen – «Gehen Sie nicht zu einer Großbank, womit baut die sich wohl ihre Paläste, bei uns ist Ihr Geld genauso sicher, nur kriegen Sie mehr Profite». Und als Sahnehäubchen dann die Weigerung, irgendeine Zahl in den Raum zu setzen, aber verschwörerisch darauf hinzuweisen, dass man in den letzten Jahren eigentlich nie weniger als zwanzig Prozent Gewinn an die Kunden weitergegeben habe, dann konnte man eigentlich immer die Papiere aus der Schublade ziehen, «Wenn Sie hier bitte unterzeichnen wollten, Sie können es sich aber auch gerne in aller Ruhe durchlesen. Nein, mitnehmen können Sie es leider nicht, strikte Vertraulichkeit muss da vorgesetzt werden, und vor der Unterzeichnung, Sie verstehen.» Und dann leerten selbst Pfarrer die Opferstöcke der Kirchen, um die Kollekte Steiner anzuvertrauen, der es sogar fertigbrachte, dabei fromm dreinzuschauen.

Steiner wuchtete sich aus dem Mercedes, aber das ist ja noch gar nichts gegen die Russkis, kicherte er, die schieben ganze Geldberge hinüber, immer wieder, und eines Tages kann man dann lesen, dass es sie auf den unsicheren Straßen Moskaus erwischt hatte; Verkehrsunfall, Kopfschuss, zwanzig Messerstiche, erwürgt, geköpft, in einen Betonmischer gefallen, vom Balkon gestürzt, es gab nichts, was es nicht gab. Genauso wie es das Geld in Steiners Fleischtöpfen nicht mehr gab.

«Na», rieb sich Steiner die Hände, «dann wollen wir doch mal sehen, wie viele von den Russkis heute Abend nächsten Monat noch mitfeiern, mit Verlusten muss immer gerechnet werden.»

Vierundfünfzig

«Das ist ja wirklich nicht zu fassen», schäumte Kuster, «das darf ja nun wirklich nicht wahr sein. Wer sind wir denn eigentlich?» Er war gerade von einem «internal meeting, confidential, no notes» zurückgekommen. Einladung per interne Post, Paper war zum Meeting mitzubringen und wurde dort eingesammelt und anschließend geschreddert.

Das war eigentlich nichts Ungewöhnliches, so etwas gab es immer mal wieder. Entweder wurde an solchen Meetings bekanntgegeben, dass es ab morgen einen neuen CEO gab, dass man umstrukturierte, fusionierte, fokussierte. Oder dass Kollega X beim Griff in den Honigtopf der Kundenkasse erwischt worden war. Hatte Kuster alles schon erlebt, also war er mit einer gewissen Spannung zum Meeting geeilt, aber was dann kam, hätte er sich im Traum nicht denken können.

Vorne stand ein leicht nervöser Kerl vom Legal Department und raschelte aufgeregt mit ein paar Papieren. Kuster hatte sich kurz umgeschaut, aha, hatte er gedacht, nur Kaderstufe eins und höher, wahrscheinlich geht es nicht um ein neues Spesenreglement. Die Einladungen wurden von zwei Assistentinnen eingesammelt, gezählt, mit einer Liste verglichen, kurzes Nicken, die beiden Fräuleins zogen sich diskret zurück.

Der Mann räusperte sich, überprüfte nochmals den Sitz seiner Krawatte, wobei er deutlich sichtbare Schweißflecken hinterließ, was zu leichter Heiterkeit im Raum führte. Er schaute irritiert auf, räusperte sich wieder und legte los: «Meine Herren, guten Morgen. Das

Folgende ist strikt vertraulich und verlässt diesen Raum nicht. Zuwiderhandlungen werden mit fristloser Kündigung, dafür vorgesehenen Konventionalstrafen und allen uns zur Verfügung stehenden Mitteln geahndet.»

«Hört, hört», sagte ein Frechdachs aus der Tiefe des Raumes, der Kerl griff sich nochmals an seine Krawatte, aber diesmal kicherte niemand: «Ab sofort, ich wiederhole, ab sofort sind sämtliche Reisen in die USA vorgängig von Legal Special Services, zu bewilligen lassen, äh, bewilligen zu lassen. Ohne eine solche Bewilligung dürfen keine Reisen in die USA stattfinden.» Leichtes Gemurmel im Raum. «Zudem sind ab sofort jegliche Privatreisen in die USA untersagt.»

Anschwellendes Gemurmel im Saal, ein Zwischenruf, wahrscheinlich vom gleichen Frechdachs: «Ja was soll denn das, ich habe die Ferien mit meiner Familie, Florida, Disney Land, Key West, bereits fest gebucht, Freitag ist Abflug, das kann ich nicht verschieben.»

Der Mann fuhr sich nervös durch sein gegeltes Haar, konsultierte nochmals sein Blatt und sagte: «Ich wiederhole, sämtliche Privatreisen in die USA sind ab sofort untersagt. Ich bin autorisiert, Ihnen mitzuteilen, dass wir für bereits gebuchte Reisen die entsprechenden Stornierungskosten übernehmen. Gleichzeitig ist der Special-Taskforce-Assistentenpool instruiert, dass er Ihnen bei allfälligen Umbuchungen gerne behilflich ...»

Der Rest des Satzes ging im allgemeinen Gebrüll unter: «Unverschämtheit, was soll denn das, kann man mit mir nicht machen, meine Frau und meine Kinder bringen mich um, Reisefreiheit für freie Schweizer, unglaublich, Skandal, vom Wahnsinn umzingelt, wie erkläre ich das meinem HNWI-Kunden, den ich morgen in New York treffe ...»

Der Mann bemühte sich, Fassung zu bewahren: «Es handelt sich hier um einen Beschluss der GL und des VR, ich bin hier nur der Bote der Botschaft. Es ist ausdrücklich untersagt, über diese Entscheidung eine Korrespondenz zu führen, Sie unterstehen auch gegenüber Ihren Familienangehörigen selbstverständlich der Schweigepflicht. Danke für Ihre Aufmerksamkeit.» Der Fuzzi strebte durch das gegen ihn anbrandende Gefluche Richtung Ausgang, zuckte nur gelegentlich mit den Schultern und atmete sichtbar auf, als er die Tür erreicht hatte.

So viele rote Köpfe auf einem Haufen habe ich noch nie gesehen, dachte Kuster, als er sein eigenes Büro erreicht hatte. Unvorstellbar, murmelte er nochmals, das sind ja Zustände wie in der alten DDR. Aber ein Window of Opportunity sah er dann doch, gelernt ist gelernt. Nachdem er noch schnell eine Luxusreise nach Kalifornien gebucht hatte, rief er den Pool an: «Ich brauche Ihre Hilfe bei der Stornierung meiner USA-Reise, was haben Sie so zu bieten?»

Fünfundfünfzig

Wenn es noch etwas Schlimmeres als Investmentbanker gibt, dachte Äbersold, dann sind es die Analysten. Alle anderen Hellseher und Wahrsager, die aus Zeichen der Götter, Hühnerknochen, Muscheln oder Karten die Zukunft vorhersagen wollen, wissen wenigstens, dass man bei Prognosen eher vage und unklar bleiben sollte. Denn falsche Ankündigungen wie: Morgen gewinnen Sie in der Lotterie, waren eher rufschädigend und einkommensmindernd.

Ganz anders das Analystenpack. Die hatten eine todsichere Methode herausgefunden, immer Recht zu behalten. Denn so dumm waren nicht mal Analysten, dass sie nicht wüssten, dass ja die ausgefeiltesten Computerprogramme mit Algorithmen, die drei Meter lang waren, keine sinnvolle Antwort auf die banale Frage geben konnten: Wie entwickelt sich der Börsenkurs der Firma Wunderlin wohl morgen? Oder übermorgen?

Um einer Massenarbeitslosigkeit vorzubeugen, waren sie aber auf eine fast geniale Idee gekommen, das gestand ihnen Äbersold zu. Die Möglichkeiten für die Entwicklung des Börsenkurses der Firma Wunderlin waren ja überschaubar. Er steigt morgen, er fällt oder er bleibt stabil. Oder die Erde explodiert, und dann spielt das alles auch keine Rolle mehr. Und für so eine Antwort würde ja niemand viel Geld in die Hand nehmen, um eine ganze Horde von wohlbezahlten Wichtigtuern zu unterhalten.

Also machen Analysten Folgendes. Sie kündigen an, sie gingen aufgrund ihrer tiefschürfenden Analyse davon aus, dass der nächste Quartalsabschluss der Firma Wunderlin ein deutliches Wachstum in der Höhe von mindestens 15 Prozent ausweisen werde, was natürlich zu einer Kurssteigerung führen müsse. Wenn die Firma Wunderlin ihnen tatsächlich diesen Gefallen tut, dann ist die Welt in Ordnung, allgemeines Schulterklopfen, überlegenes Kopfnicken, Champagnerkorken knallen.

Vermeldet die Firma Wunderlin aber ein Wachstum von bloß zehn Prozent, was ja auch noch ganz anständig ist, dann müssten sich die Analysten eigentlich Asche aufs Haupt schütten, verzweifelt die Hände wringen und in ihre Computer treten. Tun sie aber nicht, kicherte Äbersold, denn am Ende des Tages sind sie schon clevere Kerlchen.

Stattdessen verkünden die Analysten, beleidigter als zehn Leberwürste, dass die Firma Wunderlin, unfassbar, die Erwartungen der Analysten nicht erfüllt habe und deshalb, Gott straft sofort, mit einem Kursrückgang gerechnet werden müsse. Und, bingo, diese Prognose trifft dann tatsächlich auch immer ein, die Welt ist wieder in Ordnung, allgemeines Schulterklopfen, das Übliche halt. Wäre fast, grinste Äbersold, wie wenn ein Hellseher den Lotteriegewinn für morgen voraussagt, der nicht eintrifft, und er dann sagen könnte: Was, du hast nicht die richtigen Zahlen getippt, Versager? Da bist du aber selbst dran schuld, wie kannst du mir nur meine schöne Vorhersage versauen?

Das Telefon klingelte auf Äbersolds Schreibtisch und riss ihn aus seinen Gedankengängen. Hätte ich auch vorhersagen können, dass das früher oder später passiert, seufzte Äbersold und griff zum Hörer: «Herr Pfanner, schön, wieder von Ihnen zu hören, wie geht's, wie steht's? Und die Frau Gattin? Fein, und was kann ich heute für Sie tun? Sie überlegen sich einen Ausbau Ihrer Investition im Ölsektor? Durchaus überlegenswert, keine Frage. Lassen Sie mich mal kurz einen Blick auf die neusten Erkenntnisse unseres Analystenteams werfen, kleinen Augenblick.»

Äbersold legte den Hörer auf den Schreibtisch, streckte sich kurz durch, massierte sich für einen Moment den Nacken und setzte das Gespräch fort: «Danke, dass Sie gewartet haben, nun, wir gehen tatsächlich davon aus, dass sich die Hausse am Spotmarkt fortsetzen wird, bislang wurden ja alle Widerstandslinien durchbrochen. Aber die Entscheidung muss ich natürlich Ihnen überlassen, gerne dokumentiere ich Sie ausführlicher oder lasse Ihnen ein maßgeschneidertes Anlagepaket zusammenstellen, Herr Pfanner. Ist ja gut zu wissen, dass man auf ein so qualifiziertes Analystenteam wie unseres zurückgreifen kann, nicht wahr? Nichts zu danken, dafür sind wir doch da.»

Wie ging schon wieder der nette Spruch, den er mal von einem cleveren Analysten gehört hatte? Genau, so ging der: Kräht der Hahn auf dem Mist, ändert die Börse oder bleibt, wie sie ist.

Sechsundfünfzig

Ein großer Tag für Alfons Hinderli, endlich hatte er es geschafft. Eigentlich hatte er schon fast die Hoffnung aufgegeben, wie einbetoniert saß dieser Rysch auf seiner Stelle bei der Fürstlichen Effektenbank. Zeigte weder Lust, endlich mal einen Karriereschritt zu machen, noch, in die Frühpensionierung abzuzwitschern und die landschaftlichen Schönheiten Liechtensteins zu genießen.

Hinderli hatte gebaggert und getrommelt, Überstunden ohne Ende geschoben, auf den ersten groben Schnitzer von Rysch gewartet, den Linienvorgesetzten mit Verbesserungsvorschlägen bombardiert, in seiner Freizeit alle erhältlichen Fortbildungen gemacht. Aber immer wieder war ihm bedeutet worden, dass man hier bei der Fürstlichen Effektenbank alles seinen ordentlichen Gang gehen ließ, ruhig, gemächlich, unaufgeregt, fürstlich halt. Selbst der gelegentliche Verlust von Kundendaten hatte keine große Aufregung ausgelöst, und Rysch konnte man ja nicht vorwerfen, dass er dabei seine Finger im Spiel gehabt hatte. Und dann das, Verkehrsunfall, Rysch hatte Flügel und eine Harfe gefasst, wie Hinderli bei sich dachte, während er sich mit Trauermiene ins Kondolenzbuch eintrug, und dann hatte Hinderli auf den erlösenden Anruf gewartet, der auch tatsächlich kam.

«Kein Problem», hatte Hinderli mehrfach geantwortet, «bei aller Tragik, das ordentliche Geschäft muss ja weitergehen, das sind wir unseren Kunden schuldig, da arbeite ich mich schnell ein, Sie werden es nicht bereuen, ich werde mich dem in mich gesetzten Vertrauen würdig erweisen.»

Hinderli betrat mit Siegerblick sein neues Büro, drei Fenster statt zwei, Schreibtisch und Besprechungstisch statt Schreibtisch mit Besprechungsecke, endlich eine Zimmerpflanze neben dem Papierkorb, Flachbildschirm, Kunst an der Wand, zwar ein eher grauenhaftes Ölgemälde einer Jagdszene, aber sicherlich aus der fürstlichen Sammlung, da fiel ein huldvoller Glanz auf Hinderlis leicht gerötetes Gesicht.

Was wird wohl meine erste Amtshandlung sein, fragte sich Hinderli, Kaffee bestellen, mich nach meinem neuen Parkplatz erkundigen, einfach wichtig dasitzen? Das dezente Klingeln des Telefons nahm ihm diese schwierige Entscheidung ab. «Fürschtliche Effektenbank, Hinderli», sprach Hinderli mit stolzgeschwellter Brust in den Hörer.

«Hier ist Iwan», antwortete eine dunkle Stimme mit schwerem slawischen Akzent, «Identifikation Bernsteinzimmer473, Kontonummer 762/901, Sie hären?» Davon hatte Hinderli immer geträumt, als er im Backoffice ohne Kundenkontakt dämliche Charts zusammenstellte, Geburtstagslisten nachführte und Kundennotizen in die dafür vorgesehenen Tabellen übertrug. Mein erster Kunde, jubilierte Hinderli, bis ihn die Stimme aus seinen Träumen riss: «Sie hären, Sie noch da?»

«Aber natürlich», flötete Hinderli, während er die knackscharfe Darstellung der Eingabe, die er schnell reingetöckelt hatte, auf seinem neuen Flachbildschirm bewunderte. «Identifikation positiv, was kann ich für Sie tun?» Hinderli achtete darauf, das k und das ch kräftig krachen zu lassen, das, wie vieles andere, hatte er bei Rysch abgeguckt.

«Ich habe Scheißprobläm, Rysch konnte nicht lösen, jetzt Sie da, Sie sicher können lösen, da?»

«Aber natürlich», sagte Hinderli, hat eine etwas raue Sprache, dieser Iwan, aber bei knapp vierhundert Millionen kann er sich auch das leisten, dachte er dabei.

«Rysch Ihnen noch gesagt, was für Probläm ich habe?»

«Leider nein, Herr Iwan», erwiderte Hinderli, «aber Sie können mir da ganz vertrauen, es gibt wohl kein Problem, das wir zusammen nicht in den Griff kriegen würden.»

«Sähr gut», erwiderte Iwan, «härt sich gut an.» Aber als Iwan sein Problem schilderte, verschwand die leichte Röte aus Hinderlis Gesicht und machte einer fahlen Blässe Platz. Hinderli war sich plötzlich überhaupt nicht mehr sicher, ob das heute sein großer Tag war. Oder vielleicht nicht eher sein letzter.

Siebenundfünfzig

«Aber ich bin mir nicht sicher, ob sich das machen lässt», stammelte Hinderli mit leicht zittriger Stimme ins Telefon. Es hätte sein großer Tag werden sollen, der erste Tag am Platz von Rysch, der plötzlich vom Herrn abberufen worden war, Verkehrsunfall, davor sind auch die fürstlichen Untertanen in Vaduz nicht gefeit, nicht einmal Kundenbetreuer bei der Fürstlichen Effektenbank.

Und gleich der erste Anruf, der Hinderli in seiner neuen Position ereilte, war von einem Russen, der sich Iwan nannte, aber sicher nicht so hieß, und sich fürchterlich darüber aufregte, dass seine Kundendaten beim letzten kleinen Datendiebstahl bei der Fürstlichen Effektenbank den Weg in die russische Presse gefunden hatten. Das alleine wäre ja höchstens etwas unangenehm gewesen, aber nun wollte der Russki doch tatsächlich, dass er, Hinderli, ihm ein offizielles Schreiben auf dem besten Briefpapier der Effektenbank zustellte, das versicherte, dass Iwan keinerlei Geschäftsbeziehungen nach Liechtenstein unterhielt und noch viel weniger auch nur einen müden Franken, keinen einzigen Euro und erst recht nicht einen lumpigen Rubel besaß. Und dann hatte Iwan noch klargestellt, dass es wohl nicht wirklich Gottes Wille gewesen war, dass Rysch inzwischen die Welt von ganz oben oder von weit unten betrachtete, je nach Auffassung.

Hinderli lockerte sich seine Sonntagskrawatte, die er extra zur Feier des Tages angezogen hatte, und überlegte fieberhaft. Ich bin mir doch sicher, dass ich besser als Rysch bin, versuchte er sich zu beruhigen, da muss mir doch eine Lösung einfallen. Ich bin doch noch viel zu jung, um Flügel und Harfe zu fassen, das kann doch gar nicht sein. Plötzlich richtete sich Hinderli auf, blickte der Gefahr ins Auge, ganz so, wie der Jägersmann auf dem unsäglichen Ölschinken aus der fürstlichen Sammlung, der die gegenüberliegende Wand seines Büros verunzierte.

«Wir lösen das Problem», sagte er tapfer, «Sie bekommen diese Bestätigung. An wen darf ich sie adressieren?»

Einen Moment herrschte tiefes Schweigen am anderen Ende der Leitung, an dieses Problem hatte Iwan, der sicher nicht Iwan hieß, offenbar gar nicht gedacht: «Sähr gut, Hinderli, wir verstähen uns. Also, dann schreiben Sie: Sputnik, Pushechnaya ulitsa 9, Moskau. Empfänger Iwan Scholochow, nur persänlich übergäben. Und schicken Sie äs mit DHL, overnight. Und sorgän Sie dafür, dass ich in zwei Tagen haben. Sie wissän, der Verkähr in Vaduz kann sein mörderisch.»

Klick. Hinderli betrachtete seine zitternden Hände, als ob sie ihm gar nicht gehörten. Was tun, fragte er sich eins ums andere Mal verzweifelt. So eine Bestätigung fälschen, aussichtslos, das würde ihn bloß den Job kosten, und Iwan, der ja vielleicht doch Iwan hieß, würde es auch nichts nützen. Aber der Kampf ums Überleben ließ Hinderli zu Formen auflaufen, die er sich selbst vorher nicht zugetraut hätte. Ich muss mehr über diese Firma Sputnik oder einen gewissen Iwan Scholochow herausfinden, sagte er sich, aber bei seiner Sucherei im Internet landete er immer wieder und ziemlich schnell auf kyrillischen Seiten, und Hinderli sprach nur Dialekt und das nötigste Bankerenglisch, hoffnungslos.

Aber mit seinem neuen Amt waren ihm auch neue Fähigkeiten zugewachsen. Mit der Agilität, die einem restlose Verzweiflung gibt, fand Hinderli nach ein paar Anrufen eine Auskunftei, die auf die Beantwortung solcher Fragen spezialisiert war. Hinderli ließ einen beeindruckenden Betrag von seiner privaten Kreditkarte abbuchen und bekam dafür das Versprechen, mit Expresszuschlag innerhalb von vierundzwanzig Stunden alle greifbaren Informationen über Sputnik, Iwan Scholochow und alles Drum und Dran zu erhalten.

Wie Hinderli den Rest seines ersten Arbeitstages überlebt hatte, konnte er sich später beim besten Willen nicht mehr erinnern. Aber an den Anruf der Firma Moskauinform am nächsten Tag bis an sein Lebensende: «Wenn Sie Forderungen an Sputnik oder Iwan Scholochow haben, sollten Sie die wohl abschreiben», wurde ihm mitgeteilt.

«Warum?», stammelte Hinderli in den Hörer.

«Scholochow ist gestern Abend überfahren worden, zweimal, von einem Lastwagen, vorwärts und rückwärts. War wohl kein Unfall.»

Hinderli hatte den Hörer leise aufgelegt, dann betrachtete er das Ölgemälde an der Wand.

«Es gibt doch eine göttliche Gerechtigkeit», murmelte er, «oder ob wohl der Fürst höchstselbst seine Hand über mich gehalten hat? Auf jeden Fall ist der Verkehr auch in Moskau mörderisch, nicht nur in Vaduz.»

Achtundfünfzig

«Aber nein», sagte Äbersold entrüstet, «natürlich haben wir Ihre Anlagestrategie befolgt und nur in Triple-A-Bonds investiert, Herr Flück. Wie bitte? Allerdings, darunter befinden sich auch ARS und Demand Notes. Nein, Herr Flück, ARS ist nicht Englisch für Arsch, wie Sie sich auszudrücken belieben, sondern das ist die Abkürzung für Auction Rate Securities. Es handelt sich dabei um langfristige Staatsanleihen, die Bonität des Schuldners steht außer Frage, man kann hier von einer bombensicheren Anlage sprechen. Sie wissen aber, dass es wohl eine gewisse Übertreibung bei den Bonitätsbestimmungen gab, weshalb wir inzwischen auch zwischen Alt-A und aktuelleren Bewertungen unterscheiden.»

Während Flück vor sich hin zeterte, versuchte sich Äbersold krampfhaft daran zu erinnern, was eigentlich genau der Unterschied zwischen ARS und Demand Notes war. In den letzten Jahren hatte man sich ja einen dermaßenen Wust von neuen Finanzinstrumenten reinziehen müssen, dass doch eigentlich kein Mensch mehr drauskam, und normalerweise hatte es ja auch gereicht zu sagen, also um ein wenig Schwung in Ihre konservative Anlagestrategie zu bringen, gehören ARS und Demand Notes einfach dazu, sind wie Obligationen, kann man ruhig dabei schlafen, um anschließend die Fee und die Kommission vom Kundenkonto abzubuchen.

Nachdem es Äbersold wieder eingefallen war, benützte er den nächsten Moment, als Flück Luft holte, um Gegensteuer zu geben: «Nein, Herr Flück, das Problem bei den ARS ist im Moment lediglich, dass ihr Zinssatz auf Auktionen festgelegt wird, und im Rahmen der aktuellen Verwerfungen an den Finanzmärkten ist es halt leider so, dass gelegentlich kein Bieter auf den Auktionen auftaucht, und eine Auktion ohne Bieter, nun, das ist etwa so wie ein Tennismatch ohne Ball, nicht wahr? Wenn bei einem Tennismatch der Gegner nicht auftaucht, dann gewinnt der anwesende Spieler. Bei den ARS ist das etwas anders, da steigt dann der Zinssatz für diese Obligation, was ja eigentlich gut für Sie ist, Herr Flück. Ähnlich ist es mit den Demand Notes, die dann», Äbersold kramte in seinem Hirn einen Moment nach dem richtigen Ausdruck, «in Bank Bonds umbenannt werden, was aber eigentlich an der Werthaltigkeit nichts ändert.»

Gute Frage, dachte Äbersold, aber natürlich musste er Flück entschieden widersprechen: «Das waren keine kranken Hirne, Herr Flück, die sich das ausgedacht haben, sondern die gute Idee war und ist, dass mit einer marktabhängigen Festlegung des Zinssatzes – und die Auktion ist dann sozusagen der Markt – mehr Dynamik und Flexibilität in das doch eher starre Anlagemodell einer Obligation gebracht wurde, und wir sind uns doch hoffentlich einig, dass der Markt normalerweise der beste Regulator für alles ist, Angebot und Nachfrage, Sie verstehen.»

Die nächste Frage hatte Äbersold befürchtet, aber er stellte sich ihr wie ein Mann: «Es ist tatsächlich so, wie ich schon ausführte, dass in diesem konkreten Zeitpunkt bedauerlicherweise die Nachfrage nach

ARS oder Demand Notes etwas, nun ja, gelähmt ist, und wo keine Nachfrage herrscht, gibt es auch keinen Markt. Aber nein, Herr Flück, wenn ich dieses Beispiel wieder aufnehmen darf, wenn Sie der Besitzer eines Tennisballs sind, der im Augenblick nicht verkauft werden kann, weil keine Nachfrage nach Tennisbällen da ist, dann verliert Ihr Ball nicht seinen Wert, denn der nächste Tennismatch kommt ja bestimmt, um im Bild zu bleiben. Wie bitte? Also ich dachte doch, ich hätte mich klar genug ausgedrückt, im Moment können wir leider den kleinen Teil Ihres Portefeuilles, der in ARS und Demand Notes investiert ist, nicht veräußern, aber der Buchwert bleibt natürlich der gleiche, Sie haben keinen Rappen Verlust gemacht, Herr Flück. Gerne dokumentiere ich Sie da ausführlicher, wenn Sie das wünschen, aber jetzt habe ich dann einen wichtigen Termin mit unseren Analysten, ja, nichts zu danken, gern geschehen.»

Äbersold legte aufatmend den Hörer auf, dachte, Flück ist ein ARS und ein Arsch, und holte das Tennisrack aus dem Büroschrank, denn etwas Entspannung hatte er sich schließlich verdient. Das kurbelt ja auch die Nachfrage nach Tennisbällen an, kicherte Äbersold, und dann klappt es sicher auch wieder mit den ARS und Demand Notes.

Neunundfünfzig

Hinderli war sich völlig sicher, dass er einen weiteren Arbeitstag wie seinen ersten nicht überleben würde. Nach dem Telefonat mit Moskauinform glaubte Hinderli noch fester an göttliche Vorhersehung; er hatte sein Büro kurz verlassen und in der Pfarrkirche St. Florin so viele Kerzen angezündet, wie es gerade noch möglich war, ohne allzu großes Aufsehen zu erregen.

Dann saß er wieder an seinem Schreibtisch und ging die ersten paar Mal fast an die Decke, als das Telefon klingelte. «Fürschtliche Effektenbank, Hinderli», sagte er dennoch tapfer in den Hörer.

Aber Gott sei Dank, es waren alles normale Kunden gewesen, beunruhigte Steuerhinterzieher, besorgte Familienväter, die wissen wollten, ob denn wenigstens ihr Geld weiterhin sicher eingebunkert sei und niemand etwas von den monatlichen Überweisungen an den Escort-Service Madame erfahren könne. Dann die üblichen Anfragen, ob man in Öl investieren solle, in Wasser oder besser gleich in Gold oder gar in eine Schweizer Großbank.

Langsam spürte Hinderli, wie sich Ruhe und Sicherheit in ihm ausbreitete, der Herr versucht, aber der Herr führt dich auch auf sicheren Wegen und hält seine schützende Hand über dich, dachte Hinderli dankbar, und wer weiß, vielleicht ist es ja auch der Fürscht, der seinen Diener nicht aus den Augen verliert, schließlich hängt ja ein Ölgemälde aus seiner Sammlung an meiner Bürowand, das muss doch ein Zeichen sein, dachte Hinderli fromm.

«Fürschtliche Effektenbank, Hinderli», sagte er am späteren Nachmittag ein weiteres Mal.

Doch plötzlich saß er kerzengerade in seinem Sessel und spürte, wie der Boden unter ihm wegsackte: «Iwan hier, Identifikation Bernsteinzimmer473, Kontonummer 762/901, Sie hären?» Hinderli hörte zunächst nur ein Rauschen in seinen Ohren, dann stammelte er: «Aber, aber, Sie sind doch …»

«Tot? Ach, schon gehärt schreckliche Nachricht? Sie cleveres Bürschchen, Hinderli, sähr clever. Abär nein, Tote leben länger, Sie verstähn, musste mich, wie Sie sagen, aus Öffentlichkeit etwas zurückziehen. Leiche wurde über Gäbiss identifiziert, war sonst nicht viel übrig, hat mich gekostet viel Gäld.»

Hinderli spürte, wie ihn nie gekannte Zweifel an der Existenz Gottes überfielen, und er begann sogar, an der unendlichen Güte und Weisheit seines Fürsten zu zweifeln. «Abär gute Nachricht für Sie, Hinderli, Tote brauchen auch keinä Bestätigung mähr, Sie verstehen? Können fortschmeißen, wenn überhaupt gemacht. Sie mir gefallen, wenn komme das nächste Mal nach Liechtenstein, wir trinken zusammen Wodka, wir brächen Brot. Sie nur schauen, dass nix wegkommt von meinem Gäld, da? Machen neues Konto, sofort. Papiere schon unterwegs, per DHL, aber machen jetzt, sicher sein sicher.»

«Kein Problem», krächzte Hinderli, «bin schon dabei. Neue

Nummer lautet 531/730, welches Identifikationswort hätten Sie gerne?»

«Na, ist doch klar», sagte Iwan, «Hinderli123.»

Klick.

Hinderli verließ sein Büro zum zweiten Mal an diesem Tag, und diesmal zündete er alle Kerzen an, die in der Kirche bereitlagen, und den Opferstock füllte er bis zum Rand.

«Vergib mir, Herr, dass ich an deiner unendlichen Weisheit gezweifelt habe», murmelte er dabei eins ums andere Mal. Zurück in seinem Büro, schickte er auch einen um Verzeihung heischenden Blick in Richtung des Ölgemäldes aus der fürstlichen Sammlung und schwor sich alle heiligen Eide, dass er niemals mehr, niemals, an der Vorsehung und an der Weisheit seines Fürschten zweifeln werde. Nur konnte er ein leichtes Zucken nicht unterdrücken, als das nächste Mal das Telefon klingelte.

Sechzig

Hugentobler versuchte krampfhaft, wach zu bleiben. Er hatte sich mit Händen und Füßen dagegen gewehrt, er als Linienvorgesetzter habe im Moment wichtigere Aufgaben, bei den Finanzmärkten, er sei nicht mehr an der Front, selbst die an der Front delegierten das ins Backoffice, aber HR war pickelhart geblieben. Fortbildung musste sein, wichtiger Mosaikstein in der Festlegung des Jahresbonus, Hugentobler habe sich schon lange genug um Fortbildungskurse gedrückt, außer sie fanden im fernen Ausland in der Nähe eines gepflegten Golfplatzes statt, das müsse jetzt sein, gerade in den aktuellen Zeiten könne eine Auffrischung in Analysemodellen zukünftiger Börsenentwicklungen wirklich nicht schaden.

Also saß Hugentobler neben einigen jungen Trägern schlechtsitzender Anzüge mit dickem Krawattenknopf und diversen älteren Semestern im «Power Enabling Future and beyond Meeting the fine Art of Financial Analysis», wechselte gelegentlich genervte Blicke mit den anderen älteren Semestern und schaute auf seine Uhr, Patek Philippe,

Geschenk aus besseren Bankerzeiten, deren Sekundenzeiger sich aber so langsam wie der Minutenzeiger zu bewegen schien.

Vorne klatschte ein Träger eines dicken Krawattenknopfs ein Slide nach dem anderen an die Wand. Zähflüssig hatte er sich von den Chartanalysen à la Elliott, Wellentheorie, Fibonacci-Zahlen zur markttechnischen Analyse plus Risk Management vorgearbeitet, den Zuhörern dabei Exkurse in die Doppelschulter-Kopf-Formation, Candlestick-, Balken- und Liniencharts nicht erspart und war dann rasant auf Teraflops zugesteuert. In dieser unvorstellbaren Geschwindigkeit verarbeiteten moderne Computer ungeheuerliche Datenmengen, wofür sie Algorithmen verwenden, die so lang sind, dass man sie problemlos als Seil zwischen New York und London aufspannen könne.

«Damit ist eine Präzision in den Prognosemodellen erreicht, die vor wenigen Jahren noch völlig unvorstellbar war», trompetete der Krawattenknopf vorne triumphierend, «auf den Tick genau werden sämtliche Börsentransaktionen weltweit registriert, analysiert und aufbereitet, damit kann ein Prognosemodell erstellt werden, das an Aussagekraft schwer zu überbieten ist.»

Jetzt reicht's, dachte Hugentobler, wenn ich den frage, wieso all diese schönen Modelle die Hypokrise völlig verschnarcht haben, dann labert er mich nur eine halbe Stunde mit Unsinn zu, bis ich unter den Tisch sinke. Aber Hugentobler hatte einen anderen Pfeil im Köcher, wozu hatte er ein Sekretariat. Also hob er den Arm, erntete einen dankbaren und aufmunternden Blick des Referenten und wedelte mit der Kopie eines Artikels: «Wenn ich hier mal kurz die FAZ zitieren darf: ‹Der stochastische Monatsindikator fängt an zu kippen, nachdem er extrem überkauft war. Ein deutliches Verkaufssignal ging von diesem Indikator zuletzt im April aus. Der gleitende Monatsdurchschnitt des Convergence/Divergence-Verhältnisses (MACD) kippt ebenfalls, muss aber die Signallinie noch überschreiten. Vom MACD ging im März zum bisher letzten Mal ein Verkaufssignal aus.› Zitat Ende. Können Sie mir mal die Aussagekraft näherbringen? Ich meine so, dass man es an der Front dem Kunden verkaufen kann?»

Der dicke Krawattenknopf vorne lief leicht rötlich an, die übrigen dicken Krawattenknöpfe im Publikum starrten krampfhaft auf ihre Notizen, und die älteren Semester warfen Hugentobler anerkennende Blicke zu. «Nun, äh, das geht natürlich sehr ins Charttechnische hinein, vielleicht erklären Sie mir, welche Konkretisierungsebene Sie sich so vorstellen würden.»

So viel Wendigkeit hätte ich dem Bürschchen gar nicht zugetraut, dachte Hugentobler anerkennend, aber wenn du dich mit mir anlegen willst, dann musst du noch sehr viele Steaks essen und sehr viele unvorhergesagte Börsencrashs durchleben.

«Nun», sagte Hugentobler, «mal abgesehen davon, dass jede Prognose irgendwann mal zutrifft, deshalb gewinnt auch jeder im Lotto, vorausgesetzt, er ist unsterblich, also ich stelle mir eine Konkretisierungsebene», Hugentobler ließ das Wort genüsslich über die Zunge rollen, «etwa auf folgendem Niveau vor: Eine Analystenprognose ist ungefähr so sinnvoll, wie einen Affen zu beschäftigen, der würfelt. Schafft der zweimal hintereinander eine Sechs, dann ist das ein strong buy. Können Sie mir folgen?»

Einundsechzig

Draußen schien die Sonne, und eigentlich hätte es ein schöner Tag für Kuster werden können; er hatte schon auf der Fahrt ins Büro überlegt, wie er den Nachmittag von Terminen freischaufeln könnte, um mal wieder an seinem Handicap zu arbeiten. Aber diese Spaßbremse am Telefon wollte ihm unbedingt den Tag verderben: «Nein, Herr Sommer, Immobilien waren und bleiben eine der sichersten Anlageformen überhaupt, denn Boden vermehrt sich bekanntlich nicht, und Menschen müssen immer wohnen, oder?»

«Na, mal abgesehen davon, dass Dubai das Gegenteil beweist, indem man dort einfach Sand ins Meer schüttet, wieso habe ich dann mit den von Ihnen empfohlenen CDOs Totalschaden erlitten, hä?»

Weil du als gieriger Spekulant, der den Kanal nicht voll genug kriegen kann, halt mal auf die Schnauze gefallen bist, dachte Kuster, aber natürlich sagte er etwas ganz anderes: «Zum damaligen Zeitpunkt war das eine durchaus valable Anlageoption, die ein stabiles Pfand mit hochinteressanten Gewinnmöglichkeiten verband, wobei…»

«Ach ja», unterbrach ihn Sommer, «so valabel wie Ihr Tipp, in Aktien von Schweizer Großbanken zu investieren, sichere Werte, großartige Gewinnprognosen, keine Wolke am Horizont zu erkennen, das waren doch Ihre Worte.»

Ich lese ja auch nur ab, was unsere Analysten zusammenstiefeln, dachte Kuster, und dann schaue ich, in welchem Portefeuille in letzter Zeit keine größeren Fees und Kommissionen belastet wurden, und dann rufe ich die entsprechenden Kunden an: «Das war damals nicht nur mein Wissensstand, alle Analysten waren sich einig, dass aufgrund aller Indikatoren eine Fortsetzung der Rallye zu erwarten ist, aber natürlich kann niemand in die Zukunft schauen, das ist nun leider ein Fakt.»

«Aber vielleicht in die Vergangenheit», ätzte Sommer, «war Ihren Analysten etwa nicht bekannt, dass schon vor vier Jahren alle Amerikaner, die sich ein Haus leisten konnten, auch ein solches besaßen? Da braucht man dann wohl keinen Supercomputer und auch keine Analystenschar, um zum Schluss zu kommen, dass es gar keinen Markt für weitere Hauskäufe gibt. Das würde selbst ein Schimpanse nach kurzem Nachdenken rausfinden.»

Selber Affe, dachte Kuster, wieso soll ausgerechnet ich eine Ahnung vom amerikanischen Immobilienmarkt haben? Ich verstehe ja bis heute nicht mal, was eine CDO eigentlich ist: «Diese Untersuchung ist mir nicht bekannt, Herr Sommer, ich kann Ihnen aber versichern, dass wir unsere Anlageempfehlungen nicht nur nach bestem Wissen und Gewissen, sondern auch basierend auf den Analysen eines der größten und kompetentesten Teams von Finanzspezialisten abgeben, die ja in einer Vielzahl von Fällen bewiesen haben, dass sie valable Einschätzungen», Kuster wiederholte das Wort extra, «abgeben können, wovon nicht zuletzt auch Ihr Portefeuille …»

«Bla, bla, bla», schnitt ihm Sommer das Wort ab, «was mich im

Moment interessiert, ist, wie es mit Ihrer Verantwortlichkeit aussieht, schließlich haben sich zweimal sehr viele Fränkli auf meinem Konto in Luft aufgelöst.»

Immer das Gleiche, dachte Kuster, Gewinne werden stillschweigend eingesteckt, wenn es mal ein wenig runtergeht, dann wird losgejammert und gequengelt, dass es nur so seine Art hat: «Nun, die Entscheidungen trafen immer noch Sie, und daher …»

«Also wenn mir ein Arzt rät, ich solle eine Herztransplantation durchführen, und dann stellt sich heraus, dass meine eigene Pumpe noch völlig okay war, dann kann sich der ja auch nicht damit herausreden, dass es meine Entscheidung war.»

Und wenn du einen Herzinfarkt kriegst, dann ist auch der Arzt schuld, dachte Kuster, und am liebsten hätte er gesagt: Aber Ihre Pumpe ist ja offenbar noch drin und funktioniert, doch stattdessen murmelte er: «Könnten Sie da etwas konkreter werden?»

«Sehr gerne, Sie nehmen mir meine Schweizer Großbankaktien zu meinem Einstandspreis ab, und wir reden nicht mehr drüber.»

«Auch nicht über die CDOs?», vergewisserte sich Kuster. «Schwamm drüber», sagte Sommer großzügig. «Ich stelle Ihnen noch heute die entsprechenden Unterlagen zu. Sobald sie unterzeichnet bei mir eintreffen, gebe ich entsprechende Orders.»

Kuster seufzte, damit war ein hübscher Batzen Geld den Bach runtergeschwommen, und nicht zum ersten Mal. Aber sein Golfnachmittag war gerettet, und das sollte man ja auch nicht unterschätzen.

Zweiundsechzig

Äbersold schnaubte. Ich bin von Wahnsinnigen umzingelt, dachte er, während er das neuste Ergebnis der vereinigten Anstrengungen von Corporate Communication, PM, Inhouse-Design, Arbeitsgruppe Sondermaßnahmen und externen Textern in der Hand hielt. Aber eigentlich bin ich ja selber schuld, dachte Äbersold selbstkritisch, wie viele andere auch hatte ich beim wöchentlichen Meeting mal darauf hingewiesen, dass es vielleicht keine schlechte Idee wäre, angesichts der Panik auf den Finanzmärkten was Beruhigendes für die vielen im roten Bereich drehenden Depotkunden anzubieten.

Und in der für Bankerverhältnisse rasant kurzen Zeit von nur vier Monaten hatte der Berg gekreist und eine neue Anlegerbroschüre geboren, die bereits an alle seine Kunden verschickt worden war, mit einem netten Begleitschreiben, dass sich «Ihr Herr Äbersold demnächst gestatten wird, diesbezüglich mit Ihnen Kontakt aufzunehmen». Plus eine nette Excel-Tabelle mit sämtlichen Telefonnummern seiner Kunden, inklusive Feedback-Feldern und einer Benchmark, wie vielen seiner Kunden Äbersold den neusten Stuss aufs Auge zu drücken habe.

Äbersold blätterte die Broschüre angewidert durch, «von der Natur lernen», hieß es da, neben einem Bildbankfoto der Jahresringe eines Baumes, «so wie sich der Baum wechselhaften Umweltbedingungen anpasst und Wachstum generiert, generiert auch unsere neue Depotstruktur, sensibel auf die Marktsituation reagierend, kontinuierlich Wachstum». Äbersold schüttelte den Kopf, immerhin wurden nicht die Bienlein und die Blümlein bemüht. Aber das war ja nur die Einleitung zum genialen neuen Anlagemodell, das den lustigen Namen «Core-Satellite»-Organic Grow trug.

«Der Kern dient als strategisches Zentrum Ihres Depots. Zusätzlich können Sie mit den Satelliten an interessanten Themen und aktuellen Marktentwicklungen partizipieren», stand da neben einem billig designten Atommodell. Im Kleingedruckten stand dann, dass als Kernprodukt ein Strategiefonds eingesetzt wurde, als Satelliten strukturierte Derivate.

Äbersold knallte die Broschüre auf seinen Schreibtisch, also im Klartext genau die Produkte, auf die jeder Kunde wie ein Stier auf ein rotes Tuch reagierte, genau der Schrott, mit dem in den letzten Monaten viele Multimillionäre zu Millionären geschrumpft worden waren. Nicht zu vergessen, dass damit natürlich das gesamte Depot umgekrempelt werden musste, mit entsprechenden Fees, Kommissionen, Courtagen und allen Schikanen, die vor ein paar Jahren noch keinen Kunden groß gekratzt hatten.

«Nutzen Sie die starken Erkenntnisse aus unserer Natur», rief die Broschüre am Schluss dem Leser noch fröhlich nach.

Genau, dachte Äbersold, ich weiß auch, welche starke Erkenntnis da auf der Hand lag: Dieses nette Core-Satellite-Modell führt mit großer Wahrscheinlichkeit zur Kernschmelze im Kundendepot. Um das zu erkennen, muss man ja kein Einstein sein. Um so etwas zu basteln, muss man ja dumm wie ein Baum sein, schüttelte Äbersold nochmals den Kopf, und selbst ein Schimpanse würde nach kürzerem Kopfkratzen diese «Reaktion auf die aktuelle Marktlage» als Beleidigung seiner Intelligenz erkennen.

Aber das half ja alles nichts, Dienst ist Dienst, riss sich Äbersold zusammen und wählte die erste Nummer auf seiner Liste: «Grüezi, Herr Zurfluh, hier Äbersold. Lassen Sie mich gleich zur Sache kommen; hatten Sie schon Gelegenheit, unser neues Anlagemodell zu studieren? Ja, genau, wir haben Sie ja mit einer Broschüre dokumentiert, die seine Vorzüge prägnant zusammenfasst, nicht wahr? Genau, ich sage da immer: Wer bei bewölktem Himmel sät, erntet bei Sonnenschein», las Äbersold dann vom Kundengesprächmanual ab, wobei es ihn innerlich schüttelte, «was sich in der Natur über Jahrtausende bewährt hat, kann gerade in der aktuellen Situation der Finanzmärkte nicht falsch sein, und da hätte ich einen maßgeschneiderten Vorschlag für Sie, der auf Ihre persönliche Lebenssituation … Herr Zurfluh? Hallo?»

Wusste ich doch, dass Zurfluh nicht ganz blöd ist, dachte Äbersold und legte ebenfalls den Hörer auf.

Dreiundsechzig

So was wie heute ist mir wirklich schon lange nicht mehr passiert, ärgerte sich Kuster. Missmutig betrachtete er den strahlenden Sommertag, der vor den Panzerglasscheiben seines Büros an der Bahnhofstraße aufzog.

Nostalgisch rief er seinen Terminkalender des vergangenen Jahres auf. Klickte auf Jahresübersicht und betrachtete wohlgefällig das Gesamtkunstwerk, das ihm da gelungen war. Grün leuchteten die Tage, die er als Offizier mit Dienst für die Eidgenossenschaft verbracht hatte, blau die Ferientage, hellrosa alle Tage, die er unterwegs auf Kundenakquisition gewesen war, violett die Tage, an denen er an obligatorischen Events wie dem White Turf, dem Tennisturnier in Gstaad, der Saisoneröffnung in den Hamptons und anderen Musts teilgenommen hatte, rot waren die zehn Tage eingetragen, an denen er sich krank genommen hatte oder tatsächlich krank war, Grau stand für die Teilnahme an Fort- und Weiterbildungsseminaren, und dazwischen gab es einige kleine Inseln von schwarzen Tagen, an denen er zumindest offiziell hier an seinem Schreibtisch gesessen hatte.

Kuster gab den Befehl für zählen plus schwarz ein und kicherte befriedigt, als er die Summe sah: dreiundsiebzig. Und auch davon konnte man ja mindestens noch mal die Hälfte abziehen, grinste Kuster in sich hinein, auf diesem Gebiet waren sein Assistent Müller und die zweite Pfeife in seinem Vorzimmer wirklich unschlagbar. Meine chinesische Mauer, wie sie Kuster in seinen wenigen menschenfreundlichen Momenten nannte.

Denn wenn er zwar offiziell am Pult saß, inoffiziell aber seine Garderobe vervollständigte, sich eine neue Golfausrüstung anschaffte, ein mögliches neues Auto probefuhr oder einfach die Aussicht von der Terrasse seines Loft auf den Zürichsee genoss, schmetterten die beiden jeden bankinternen Besucher ab, «Kuster ist gerade in einer sehr wichtigen Besprechung, kann unter keinen Umständen gestört werden», oder leiteten ganz wichtige Anrufe auf sein Handy weiter, das Kuster extra mit einem Spezialmikrofon ausgerüstet hatte, das alle Umgebungsgeräusche rausfilterte.

Damit war ich dann letztes Jahr an sagenhaften, na sagen wir mal sechsunddreißig Tagen physisch präsent an meinem Arbeitsplatz, nickte Kuster. Aber er war noch längst nicht fertig mit seiner Rechnung. Denn schließlich benutzte er die Infrastruktur, die sein freundlicher Arbeitgeber ihm als Privatbanker zur Verfügung stellte, um seinen umfangreichen sozialen Verpflichtungen nachzugehen.

Denn als Präsident der Offiziersgesellschaft Zürcher Unterland, als Aktuar der Offiziersgesellschaft Schweiz, als Protokollführer des Rotary, als Mitglied des Eventkomitees des Kiwanis, als Vorstandsmitglied von sechs gemeinnützigen Stiftungen und vier Fressclubs, als Mitglied des Executive Board von drei Golf- und zwei Tennisclubs, als Besitzer eines wohlgefüllten Weinkellers, der immer wieder Ergänzungen bedurfte, als Götti einer ganzen Kinderschar von Freunden, Geschäftspartnern und guten Kunden – und nicht zu vergessen seine Mitgliedschaften in diversen Yachtclubs, zu denen seit zwei Jahren auch endlich der von Monaco gehörte – hatte er natürlich umfangreiche administrative Aufgaben wahrzunehmen, die sich ja auch nicht in fünf Minuten abhandeln ließen. Das bedeutet also, fasste Kuster zusammen, dass ich letztes Jahr wohl nicht mehr als höchstens fünfzehn Tage nicht nur physisch präsent war, sondern auch tatsächlich Schreibtischarbeit im Dienste der weltberühmten und traditionellen Schweizer Bankkultur erbrachte.

Und eigentlich, seufzte er, hatte ich mir für dieses Jahr vorgenommen, das auf eine einstellige Zahl runterzudrücken. Aber um das zu erreichen, konnte er sich solche Tage wie heute natürlich nicht leisten, denn Zielvorgaben müssen mit allen Mitteln erreicht werden, vierzig Tonnen Neuanlage war das in seinem Fall.

«Müller», knurrte Kuster in die Gegensprechanlage, «bevor wir hier alle verfaulen, organisieren Sie mal, KW 42, Privatevent in der Tonhalle, vorher Apéro riche, nachher kleines Bankett im ‹Baur au Lac›, Einladung an alle HNWI in meinem Portefeuille plus die fünf wichtigsten potenziellen Neukunden, den Solisten oder die Solistin will ich dann auch am Tisch haben. Alles vorbereiten, Rapport an mich, ich bin dann mal außer Haus.»

Kuster schaute auf die Uhr, Viertel nach acht, damit war der Tag eigentlich gelaufen und zählte statistisch nicht als Arbeitstag. Kuster spürte, er würde dieses Jahr sein Ziel erreichen.

Vierundsechzig

So ein Frechdachs, dachte Äbersold, aber das war ja zu erwarten gewesen. Seit die Kollegen auf der anderen Seite der Bahnhofstraße vor den amerikanischen Behörden auf dem Rücken lagen und mit dem Schwanz wedelten, wobei sie sich vorher noch erkundigten, ob von links nach rechts oder von rechts nach links genehm war, kriegte auch Äbersold immer wieder solche Anrufe.

«Nun, Herr Schmid», sprach Äbersold in den Hörer und legte dabei so viel Bankerautorität in seine Stimme, wie er konnte, «mir ist diese Vereinbarung nicht im Detail bekannt, die unser Mitbewerber mit den Behörden von Massachusetts abgeschlossen hat. Ich will mir auch kein Urteil darüber erlauben, in welcher Form dort Auction Rate Securities angeboten wurden, und noch weniger ist mir bekannt, unter welchen Umständen dort ARS zum Nennwert von mit ihnen bestückten Kunden zurückgekauft werden. Aus all diesen Gründen ist mir nicht ganz erfindlich, unter welchem Titel Sie gerne von uns möchten, dass wir sich in Ihrem Portefeuille befindliche ARS zum Nennwert in unsere Bücher nehmen. Wenn ich Sie da unterbrechen darf, Herr Schmid, am Buchwert Ihrer ARS hat sich ja nichts verändert, Ihre Verluste belaufen sich eigentlich auf null.»

«Na prima», erwiderte Frechdachs Schmid, «wenn das so eine großartige und werthaltige Anlage ist, dann verkaufen Sie sie doch einfach für mich, oder noch besser, kaufen Sie sie mir ab und kassieren Sie doch selbst einen möglichen Gewinn, wäre doch ein gutes Geschäft für Sie.»

Äbersold massierte sich die Stirne, schon wieder so einer, der die AGBs nicht gelesen hat. Ist ja auch kein Wunder, vier Seiten engbedrucktes Papier in Juristendeutsch, in Dunkelgrau auf Hellgrau gedruckt, sieben Punkt, unschlagbar. Außer dem Recht auf die erste Nacht mit der Gattin des Kunden holte sich da jede Schweizer Bank alle Rechte auf ihre Seite, entledigte sich aller Verpflichtungen und so ziemlich aller Verantwortung und zählte zu Recht darauf, dass im Normalfall, wenn nämlich alles gut ging, kein Schwein das lesen, geschweige denn verstehen würde.

«Herr Schmid», sagte Äbersold in einem Ton, mit dem man einem nervigen Kleinkind nach der zehnten Warum-Frage den Tarif durchgibt, «wir beraten Sie bei Ihren Anlageentscheiden, und das tun wir, wie Sie aus jahrelanger Erfahrung wissen, nicht schlecht, wir führen dann als Intermediär mit aller gebotenen Sorgfalt alle Transaktionen für Sie aus, aber wir schaukeln doch nicht einfach Bestandteile Ihres Portefeuilles zwischen Ihrem Depot und unseren eigenen Anlagen hin und her.»

«Nun, ist nun eine ARS, wenn ich aus Ihrer entsprechenden Anlagebroschüre zitieren darf, ‹eine jederzeit liquide, geldwertartige, sichere Anlage von erstklassigen staatlichen Schuldnern› oder nicht?»

«Mir ist der Inhalt dieser Broschüre im Moment nicht geläufig, aber ich gehe mal davon aus, dass es sich um ein korrektes Zitat handelt, Herr Schmid.» Äbersold klickte ein paarmal auf seinen Computer, dann hatte er das richtige Dokument auf dem Bildschirm. «Ich bin mir aber sicher», fuhr Äbersold fort, «dass in dieser besagten Broschüre auch Folgendes steht, wenn ich zitieren darf: ‹Frühere Wertentwicklungen, Simulationen oder Prognosen sind kein verlässlicher Indikator für die künftige Wertentwicklung. Die Gültigkeit der Information ist auf den Zeitpunkt der Erstellung dieser Unterlagen beschränkt. Eine Veränderung der wirtschaftlichen Rahmenbedingungen oder sonstige Ereignisse können die zukünftige Entwicklung abweichend von den vorliegenden Darstellungen beeinflussen.› Wenn ich da sonst noch etwas für Sie tun kann …» Das war's wohl, grinste Äbersold in sich hinein, aber nur kurz.

«Oh ja, Herr Äbersold, ich glaube schon, dass Sie da noch einiges für mich tun können», triumphierte Schmid, «ich habe nämlich einen offiziellen Wohnsitz in Massachusetts, was sagen Sie nun?» Scheiße, dachte Äbersold, sagte das aber nicht: «Nun, in diesem Fall werde ich nach Rücksprache mit unserem Legal Department gerne wieder auf Sie zukommen, wäre es so in einer halben Stunde recht?» Äbersold rief schnell die Depotdaten von Schmid ab, dachte nochmals Scheiße und drückte den Durchwahlknopf zu Legal.

Fünfundsechzig

Kuster schnaufte hörbar in den Hörer. «Schnaufen Sie mich nicht an, sagen Sie lieber was», quoll es beleidigt aus der Ohrmuschel.

Kuster drehte die Augen nach oben, das würde Herr Frischknecht sicherlich nicht mitkriegen. Aber was sollte er auch sagen, was konnte er überhaupt dafür? Wochenlang hatte das hochbezahlte Analystenpack behauptet: Die Ölpreise kennen nur eine Richtung, nach oben. Und so war es ja auch gewesen. Eine wichtige psychologische Barriere nach der anderen war durchbrochen worden, was immer das auch sein mag, dachte Kuster, und als er im verschwommenen Prognosegeschwafel herauslesen konnte, dass auch ein Preis oberhalb von einhundertfünfzig Dollar pro Barrel durchaus im Rahmen des Möglichen liege, hatte er Frischknecht auf dessen ständiges Drängen hin, dass man doch irgendwas tun müsse, um seine dramatischen Verluste mit Schweizer Bankaktien auszugleichen, die Empfehlung gegeben, doch mal etwas in Öl zu investieren.

Leider genau einen Tag bevor der Ölpreis innert weniger Stunden um dreißig Dollar absackte. Künstlerpech, aber erkläre das mal einem Kunden.

«Herr Kuster, sind Sie noch da?» Ja, leider, dachte Kuster, und bei einem Vermögen von ursprünglich mehr als dreihundert Tonnen konnte er Frischknecht auch nicht gut aus der Leitung schmeißen.

«Aber natürlich, Herr Frischknecht», flötete er also in den Hörer, «im momentan wirklich sehr volatilen Markt sind leider immer wieder einzelne Ausreißer möglich, aber alle Fundamentaldaten weisen weiterhin darauf hin, dass der Ölpreis ...»

«Was kümmern mich Fundamentaldaten, ich habe auf Ihren Ratschlag hin innerhalb von vierundzwanzig Stunden weitere drei Millionen in den Sand, also ins Öl gesetzt. Können Sie mir mal sagen, wie Ihre angeblich so kompetenten Analysten eigentlich auf ihre Prognosen kommen? Würfeln die? Werfen die Münzen? Schmeißen die Eier an die Wand? Rufen die Mike Shiva an?»

Kuster seufzte, wobei er geflissentlich darauf achtete, es lautlos zu tun. Mal schauen, ob ich mit der Analogie weiterkomme, dachte er dann: «Keinesfalls, Herr Frischknecht. Lassen Sie es mich so erklären: Die Wetterprognose wird ja auch immer genauer, trotzdem kann es passieren, dass es zu einem lokalen Gewitter kommt, obwohl für die ganze Schweiz Sonnenschein vorhergesagt wurde.»

«Lokales Gewitter?», schäumte Frischknecht, und Kuster gab die Hoffnung auf, dass der Vergleich etwas genützt hatte. «Erinnern Sie sich vielleicht noch an die Gewinnprognosen, die alle Schweizer Großbanken, Ihre übrigens auch, noch bis Mitte 2007 raustrompetet haben? Und war das dann ein lokales Gewitter, was stattdessen kam?»

Nein, das war ein Tsunami, begleitet von einem Taifun, dachte Kuster, aber er war sich sicher, dass das Frischknecht auch nicht weiterhelfen würde. «Selbstverständlich nicht, da wurden Fehler gemacht, das räumen ja auch alle Beteiligten», Kuster weigerte sich weiterhin, «wir» zu sagen, «ein, aber wegen eines einzigen Fehlers ...»

«Eines einzigen Fehlers?», offenbar goss Kuster immer weiter Öl ins Feuer. «Wenn Sie wegen eines einzigen Fehlers des Piloten abstürzen, dann nützt es Ihnen aber viel, wenn man Ihren Hinterbliebenen sagt, dass der Pilot ansonsten immer tadellos gearbeitet habe.»

Nicht schlecht, dachte Kuster, nicht schlecht, aber aus der Nummer komme ich raus: «Aber wenn wir das große Ganze im Auge behalten, lieber Herr Frischknecht, dann wäre es doch völlig verfehlt zu behaupten, dass die Verwaltung Ihres ansehnlichen Portefeuilles Totalschaden erlitten hat, und trotz aktueller Rückschläge stehen wir immer noch besser da als vor fünf Jahren, als Sie uns mit der Verwaltung Ihrer Finanzen beauftragten.»

War wohl auch falsch, denn nun steigerte Frischknecht die Phonstärke gewaltig: «Wir? Was heißt da wir? Sie stehen sogar viel besser da, denn was Sie alles an Kommissionen, Fees, Courtagen, Gebühren und was weiß ich nicht alles verdient haben, das geht ja in die Millionen.»

Kuster überlegte sich die Antwortoptionen. Ich nicht? Ziemlich schlecht. Das ist halt so? Ganz schlecht. Schauen wir lieber in die Zukunft? Unbrauchbar. Ich hätte da jetzt aber einen sicheren Tipp? Fürchterlich. Damit müssen wir ja Hunderte von Analysten bezahlen? Schlechter geht's nicht. Na ja, dachte Kuster, irgendwas muss ich ja tun. Dann legte er einfach den Hörer auf.

Sechsundsechzig

«Okay», sagte Steiner, «kann ja sein, dass ich in letzter Zeit etwas zu tief in die Honigtöpfe gefasst habe, aber mit einer kleinen Umstrukturierung der Depots wären wir für den Moment doch wieder flott, das kann doch alles nicht so tragisch sein.»

Wütend zog Steiner an seiner Montecristo und wuchtete sich aus dem schweren Sessel in den repräsentativen Empfangsräumen seiner Vermögensverwaltungsklitsche an der Bahnhofstraße in Zug. «Auch ein bisschen Nuttendiesel?», fragte er dann zuvorkommend wie immer, aber sein Anwalt schüttelte nur düster den Kopf. «Na, ich aber schon.»

Steiner öffnete die mit Rauchglas verzierte Tür, machte zwei Schritte bis zur klitzekleinen Küche und zog mit einem befriedigten Schnaufer einen Krug Rosé aus dem Kühlschrank.

Während er sich einschenkte, holte sein Anwalt einen kleinen Papierstapel aus seinem Aktenkoffer, und Steiner blieb es nicht verborgen, dass das Köfferchen auch eine beeindruckende Pistole enthielt. «Na, so schlimm, dass wir uns gleich die Kugel geben müssten, ist es wohl auch nicht», sagte Steiner nach einem tiefen Schluck.

«Aber fast», sagte sein Anwalt, «unsere fünf verbliebenen Kundenkeiler jammern immer lauter, dass sie schon seit vier Monaten keine Kommission mehr gesehen haben, siebzehn Depotkunden winken bereits mit Anwälten, die Miete für das Backoffice, die Räume hier und die Löhne der beiden Sekretärinnen sind seit sechs Monaten nicht bezahlt und, ach ja, morgen soll die hübsche Atmos-Uhr da drüben beschlagnahmt werden, die seit einem Jahr nicht bezahlt ist. Und den Mercedes würde ich auch eher in der Garage stehen lassen, sonst wird er dir unter dem Hintern weg abgenommen, obwohl, die Garage ist mitsamt deiner schönen Terrassenwohnung mit Blick auf den Zugersee auch seit acht Monaten nicht bezahlt.»

«Na ja», sagte Steiner, «also alles in allem business as usual, wollen wir heute Abend nicht noch schnell ins Tessin runterfahren? Im Eden soll's einen neuen Koch geben, und der Keller wurde nach unserer letzten Sause auch wieder mit genügend Cheval Blanc aufgefüllt.»

«Die letzte Sause dort ist genauso wenig bezahlt wie die drei Sausen vorher», gab der Anwalt zu bedenken, «das halte ich für keine gute Idee.»

«Okay», seufzte Steiner, «wenn du unbedingt Spielverderber sein willst, also, was machen wir? Ich fahre morgen nach Liechtenstein und besorge mir genügend Cash, um den schlimmsten Schreihälsen das Maul zu stopfen, wie viel brauche ich da?»

Der Anwalt sagte wie aus der Pistole geschossen: «Mindestens eine Tonne, aber allermindestens.»

Steiner goss bereits den letzten Rest der Flasche in sein Kristallglas und sagte: «Okay, dann haben wir ein kleines Problem, so viel kann ich da im Moment nicht flüssig machen. Wie wäre es mit einer Verlagerung der AG, der wir alle diese Schulden angehängt haben, nach Lausanne? Bitte übersetzen Sie Ihre Forderungen zwecks Beantwortung durch unseren Monsieur Avocat erst mal auf Französisch, falls Sie die neue Zustelladresse rausgekriegt haben, he, he, müsste uns doch mindestens drei Monate Luft verschaffen.»

Der Anwalt winkte müde ab: «Damit kriegen wir vielleicht ein paar Depotkunden vom Hals, aber die Mieten, die Löhne, die Leasingverträge, da ist wirklich Feuer im Dach.»

Steiner wusste, dass es bedauerlicherweise keine zweite Flasche Krug mehr im Kühlschrank hatte, also wollte er diese unangenehme Besprechung so schnell wie möglich hinter sich bringen: «Ach, da haben wir schon Schlimmeres durchgestanden, und ich bin jetzt wirklich etwas durstig, also …»

«Wenn diese Kacke ins Dampfen kommt, dann verliere ich meine sämtlichen Patente», unterbrach ihn der Anwalt scharf, «und wahrscheinlich fahre ich dann auch für ein paar Jährchen ein, denn ich habe ja den ganzen Mist unterschrieben, auf dein großes Ehrenwort hin, also konzentrier dich auf das Wesentliche, denn wenn ich absaufe, dann nehme ich dich mit, damit das klar ist.»

Steiner lächelte seinen Anwalt jovial an, stemmte sich aus dem Sessel und sagte: «Okay, ich besorge bis morgen um zwölf eine Tonne, du kannst dich auf mich verlassen.»

Sein Anwalt packte die Papiere in seinen Koffer und legte dabei wie zufällig die Knarre auf den Tisch. «Okay, Punkt zwölf hier.» Steiner nickte freundlich und dachte: Höchste Zeit für Plan B.

Siebenundsechzig

Eigentlich, dachte Übersold, ist es ja eine bodenlose Frechheit. Früher, ich erinnere mich noch gut, standen wir seriös hinter dem Schalter, halfen der Oma bei der Einzahlung eines Teils der Rente auf ihr Sparbuch; berieten auch schon mal und weitgehend kostenlos, die Kommissionen und Fees kamen ja erst danach, Schreinermeister Göldi bei der kurzfristigen Anlage von Zahlungseingängen, Termingeld war damals schon einer der schärfsten Tipps, vor all den Derivaten und Fonds und wie der Quatsch auch heißt, und für heiklere Geschäfte drückten wir auf den Summer und baten den Garagenbesitzer Eberhardt ins Besprechungszimmer, um ihm bei der Anlage seiner Schwarzgelder zu helfen.

Wir nannten uns einfach Schalterbeamte, dann Kundenbetreuer und irgendwann einmal Kundenberater, wenn wir uns häufiger im Besprechungszimmer als hinter dem Schalter aufhielten. Dann wurden die Schalter abgeschafft und durch Bankomaten ersetzt, der Oma wurden zwanzig Franken Bearbeitungsgebühr für ihre Überweisung aufs Sparheft abgezwackt, wenn sie mit dem Bankomaten nicht zurechtkam, Schreinermeister Göldi wurde ein Vermögensverwaltungsauftrag mit Grundkosten, Kommissionen, Gebühren und Courtagen aufs Auge gedrückt, und dem Garagenbesitzer Eberhardt wurde beliebt gemacht, doch eine Offshore-Lösung bei unserer Zweigniederlassung auf den Bahamas ins Auge zu fassen, kostet zwar ein bisschen mehr, und Ertrag gibt's eigentlich auch keinen, aber dafür könnte er doch sein Geld gelegentlich unter tropischer Sonne streicheln, wenn's ihm drum wäre.

Ständig schwärmten wir unseren Kunden von den neuen Möglichkeiten des elektronischen Bankings vor, von zu Hause, am Bildschirm, ein Klick, und schwupps, und erst noch gratis. Na ja, fast, aber dass uns damit die Kunden das ganze dämliche Zahlungsverkehreingebuche abnehmen, dafür müssen wir sie ja nicht extra belohnen, denn wir sind doch eine Bank.

Schwierig wurde es dann allerdings, den Kunden zu erklären, grinste Äbersold, wieso eine Überweisung von Zürich nach Hamburg locker mal fünf Tage in der Pipeline hängen konnte, und wenn er dann zeterte, dass das zu Zeiten der Postkutsche schon schneller gegangen sei als mithilfe des modernen, elektronischen Zahlungsverkehrs, dann musste man länger ausholen und etwas von Clearing, IBAN-Nummern, Bankarbeitstagen und seltenen Ausnahmen murmeln. Und wenn das alles nichts half, dann konnte man immer sagen, also bei uns ist das Geld schwupps raus, sehen Sie hier den Computerausdruck, zehn Sekunden nach Ihrem Auftrag. Wenden Sie sich doch an die Empfängerbank, und viel Spaß dabei.

Aber das war ja alles nichts gegen unsere größte Frechheit. Nämlich, dass wir uns schon lange und unverfroren Private Banker nennen. He, he, da haben die noch verbliebenen vierzehn Privatbanquiers ganz schön aufgeheult, aber unsere Juristen haben ihnen gezeigt, dass der Begriff Private Banker, ätsch, nicht geschützt ist.

Natürlich erfüllt ein Private Banker keine einzige der Voraussetzungen, die ein Privatbanquier haben muss, nämlich zum Beispiel unbegrenzte persönliche Haftbarkeit für alle ihm anvertrauten Kundengelder, aber Private Banker hört sich nun unbestreitbar besser an als Anlagenberater oder gar Prokurist oder etwa Vice Executive Assistant Director oder wie der Quatsch auch schon mal hieß.

Und das wäre ja noch schöner, wenn wir mit unserem Privatvermögen für all den Quark haftbar wären, den unsere emsig schaffenden Anlagevehikelerfinder ständig ausbrüten, bei dem ja eh kein

Schwein drauskommt und dessen Sinn es ja letztlich ist, immer mal wieder etwas Bewegung in die Anlagestruktur des Depots zu bringen und damit hübsche Verwaltungsgebühren zu generieren, die ja wiederum zu einem hübschen Teil unsere Privatvermögen alimentieren.

Und das Schönste ist, kicherte Äbersold, dass ja die meisten von uns sogenannten Private Bankers von internationalen Finanzanlagen, Vermögensverwaltung und Anlagestrategie ungefähr so viel Ahnung haben wie die Oma von einem Bankomaten.

Äbersold griff zum Telefonhörer: «Herr Künzli, was kann ich heute für Sie tun? Haben Sie meine neusten Anlageempfehlungen schon studiert? Im Zusammenhang mit unserem neuen Core-Satellite-Modell sehe ich da sehr lukrative Perspektiven für Sie.»

Achtundsechzig

Der Anwalt überprüfte zum x-ten Mal, ob seine Knarre durchgeladen und entsichert war, dann schaute er wieder auf die Atmos-Uhr im repräsentativen Empfangsraum der Vermögensanlagenverwaltung AG an der Bahnhofstraße in Zug, deren VR-Präsident er war.

Steiner war noch nie pünktlich gewesen, aber jetzt war es bereits vierzehn Uhr, und um Punkt zwölf waren sie verabredet gewesen, damit man mit einer Tonne die schlimmsten Löcher stopfen konnte, die die ganze schöne Zuger Geldwaschmaschine langsam, aber sicher unter Wasser drückten. Steiner wechselte fast wöchentlich seine Handy-Nummer, da machte es gar keinen Sinn, einen Versuch zu starten. Also rief der Anwalt das Backoffice in einem weniger repräsentativen Industrieviertel von Zug an.

«Alice», fragte er Steiners persönliche Assistentin und sicherlich einiges mehr, «was von Steiner gehört?»

«Nur, dass er unterwegs nach Vaduz sei, das war aber schon gestern Abend. Aber du weißt ja, wie er es mit der Pünktlichkeit hält.»

Beim Anwalt schrillten sämtliche Alarmsirenen. Er dachte noch einen Moment nach, aber da gab es keine andere Erklärung: «Okay, Alice, ich werde dir jetzt mal etwas sagen. Du kannst das machen oder auch lassen, und ich sage es nur ein Mal. Du fährst jetzt zum nächsten Geschäft und besorgst dir die zwei größten Papierschredder, die gerade an Lager sind. Und dann rübelst du zuerst alle Unterlagen, die im großen Safe liegen, anschließend alles, was in der Kundenablage ist, und dann sämtliche Korrespondenz. Lass dir von Susi dabei helfen, zu zweit solltet ihr das bis morgen früh geschafft haben. Dann räumst du hier an der Bahnhofstraße alles ab, was einigermaßen von Wert ist, kommst morgen ins Büro, als wäre nichts gewesen, und gibst dann bei der Polizei eine Vermisstenanzeige auf. Und vergiss nicht, vorher alle Schreddermaschinen und die Papierschnitzel verschwinden zu lassen. Wenn dann das Büro durchsucht wird, weißt du von nichts, weil nur Steiner selbst die Schlüssel zum Safe, zur Kundenkartei und zu allen Unterlagen hat, am besten brichst du auch noch in Tränen aus, wie du das vor hysterischen Kunden, die sofort ihre Kohle zurückhaben wollen, auch immer so toll hingekriegt hast. Alles klar?»

«So schlimm?», fragte Alice nur.

«Schlimmer», sagte der Anwalt, «aus die Maus.»

«Und die diversen Konten?»

«Da rufe ich gleich als Nächstes an, aber ich kann mir schon vorstellen, wie die Antwort ist», sagte der Anwalt, und da sollte er sich nicht täuschen.

«Und was wird dann aus mir?», fragte Alice noch. «Nun», sagte der Anwalt, «die persönlichen Kredite, die Steiner dir gegeben hat, da rübelst du natürlich die Schuldbriefe als Erstes, die ganzen Ringe und Ketten kannst du auch behalten, die Rolex, die Cartier und die anderen Uhren auch, meinst du, das wüsste ich nicht, damit hast du doch ein hübsches Startkapital.»

Kurze Pause, dann fragte Alice: «Und du?»

«Ich fahre jetzt in meine Kanzlei und mache das Gleiche wie du, das war's dann. Mach's gut.»

Der Anwalt legte den Hörer auf. Okay, es waren fünf schöne Jahre gewesen, aber jetzt war der Moment für seinen Plan B gekommen. In seiner Kanzlei gab es überhaupt nichts zu schreddern, das hatte er schon immer sofort getan. Wenn er als VR-Präsident gewusst hätte, wozu Steiner seinen guten Namen und seine Anwaltsehre missbraucht hatte, menschlich enttäuscht, unfassbar, immer nach Treu und Glauben gehandelt, niemals Unregelmäßigkeiten bemerkt, bereitete der Anwalt bereits seine Verteidigungsrede vor, damit sollte er durchkommen. Außer, dachte der Anwalt, er hatte im Vollsuff mal was unterschrieben, an das er sich nicht mehr erinnerte, aber das musste er abwarten.

Dann schraubte er die Harddisk aus seinem Notebook, denn er hatte immer darauf geachtet, nur hier Spuren zu hinterlassen, die würde er dann am Abend an einer ruhigen Stelle in den See schmeißen. Das war's dann, dachte er nochmals, schaute sich kurz um, warf einen bedauernden Blick auf die Atmos, aber das war ihm dann doch zu heiß.

Außerdem hatte er einen viel besseren Plan, und richtig, nachdem das Gewitter, Blitz und Donner und das große Geschrei an ihm vorbeigezogen waren, erlebte der Anwalt seine Wiedergeburt. Als Präsident des Vereins der Geschädigten von Steiners Vermögensanlagenverwaltung AG. Deren ehemaliger Besitzer dem Vernehmen nach das letzte Mal in Brasilien gesichtet worden sein soll.

Neunundsechzig

Alfons Hinderli war sich eigentlich sicher gewesen, dass es schlimmer nicht mehr kommen konnte. Ein irrer Russe, der Hinderlis Vorgänger in die andere Welt befördert, auch ihn mit dem Tod bedroht hatte und dann selbst gestorben war, nur um wieder aufzuerstehen. Hinderli hätte nie gedacht, dass ein Job als Kundenberater bei der Fürstlichen Effektenbank in Vaduz so aufreibend sein könnte. Aber statt dass endlich wieder Ruhe einkehrte, nun das.

Hinderli sah schon wieder das rote Lämpchen an seinem Telefon blinken, warf dem Ölschinken aus der fürstlichen Sammlung an der Wand einen hilfesuchenden Blick zu und nahm ab: «Hinderli, Fürschtliche Effektenbank, grüezi.»

«Tach, Franke hier, selber grüezi. Identifikation Ehre und

Treue18.» Schon wieder 18, dachte Hinderli, während er die Identifikation überprüfte, der erste und der achte Buchstabe im Alphabet, für Adolf Hitler, dass es in Deutschland noch dermaßen viele Nazis gibt.

Aber das sagte er natürlich nicht: «Identifikation positiv, Herr Franke», und dabei ließ er das k schön krachen, «was kann ich für Sie tun?»

«Mir mal erklären, wieso bei Ihnen eigentlich das Bankgeheimnis löchriger ist als ein Emmentaler, verdammt noch mal, wieso veröffentlichen Sie eigentlich die Listen der Kontenbesitzer nicht einmal wöchentlich in Ihrem Lokalblättchen?»

Hinderli war sich fast sicher gewesen, dass es darum ging, aber da hatte die Fürstliche Effektenbank eine saubere Verteidigungslinie aufgebaut: «Dieser kriminelle und äußerst bedauerliche Vorgang betrifft aber nicht uns, sondern die Ländlebank, Herr Franke, und ...»

«Ich heiße Franke und nicht Frankche», dröhnte es aus dem Hörer, «und bei euch Deppenbankern sind ja vor Kurzem fast zehnmal so viele Kundendaten abhanden gekommen. Aber wie auch immer, ich erwarte jetzt klare Ansagen, wie Sie verhindern wollen, dass bei mir demnächst in aller Herrgottsfrühe die deutsche Steuerfahndung vor der Tür steht.»

Na, mit Gottvertrauen natürlich, dachte Hinderli fromm, aber das druckfrisch auf seinem Schreibtisch gelandete Gesprächsmanual sah etwas anderes vor: «Unsere internen Abklärungen haben bislang ergeben, dass Ihre Stiftung von dem verbrecherischen Datendiebstahl in unserer Bank nicht betroffen ist, Herr Franke», diesmal ließ Hinderli folgsam das ch weg, «daher würde ich an Ihrer Stelle ...»

«Sie sind aber nicht an meiner Stelle», unterbrach ihn Franke giftig, «also, was haben Sie anzubieten?»

Hinderli blätterte im Manual auf Seite zwei weiter: «Ich könnte Ihnen da unter Umständen einige Alternativen aufzeigen», sagte er vorsichtig, denn den Deutschen konnte man ja inzwischen alles, inklusive Telefonabhören, zutrauen. «Das würde ich aber gerne in einem persönlichen Gespräch vortragen, vielleicht bei Ihnen in Stuttgart vor Ort, wenn Ihnen das recht wäre.»

«Okay», sagte Franke, «das zeigt immerhin, dass Sie den Hintern hinten hochkriegen, aber natürlich auf keinen Fall bei mir und erst recht nicht in meiner Firma. Wie wäre es im ‹Café am Schlossgarten›, am besten übermorgen um zehn?»

Hinderli konsultierte kurz seinen Terminkalender, Vaduz–Stuttgart, das waren rund drei Stunden Autofahrt, dazu noch eine halbe Stunde Reserve, da müsste er um halb sieben losfahren. Franke hatte zwar nur sieben Mio Euro in einer Stiftung parkiert, aber das Manual hatte auch da klare Vorschriften, ab zwei Mio galt persönliche Alternativberatung, auch vor Ort, also führte da wohl kein Weg dran vorbei: «Selbstverständlich, Herr Franke, um zehn im ‹Café Schlossgarten›, mich erkennen Sie an der FAZ, die ich unter den Arm geklemmt halte.»

«Sehr originell», sagte Franke, «und ich hänge mir eine Kuhglocke um den Hals.»

«Wie bitte?», fragte Hinderli verblüfft.

«Kleiner Scherz, Sie Liechtensteiner Großbanker, wir werden uns schon finden, keine Sorge.»

Immer dieser deutsche Humor, dachte Hinderli, dann befolgte er die letzte Regel im Gesprächsmanual und drückte auf einen Durchwahlknopf: «Ja, hier Hinderli, guten Morgen. Ich bräuchte für übermorgen um halb sieben einen neutralen Wagen mit Schweizer Nummernschild, richtig, Reiseroute Vaduz–Stuttgart und zurück, nein, ich werde wohl über Bregenz fahren. Selbstverständlich nehme ich keine schriftlichen Unterlagen mit, ich bin doch nicht blöd.»

Also wirklich, dachte Hinderli, da habe ich schon anderes durchgestanden. Und so nahm das Unheil seinen Lauf.

Siebzig

Kuster war etwas in weinerlicher Stimmung. Das passierte ihm äußerst selten. Normalerweise hatte er seinen Gefühlshaushalt, nicht zuletzt dank ausgiebigem Einsatz modernster Psychopharmaka, bestens im Griff. Aber manchmal wagte sich seine Seele durch den Teflonpanzer, an dem sonst immer alles abtropfte, genauso wie an seinem verbindlichen Bankerlächeln, das auch übelste Kundenbeschimpfungen und ausufernde Sauforgien unbeschadet überstand.

Vielleicht lag es daran, dass er einen der wenigen einsamen Abende in seinem herrlichen Loft mit Blick über den Zürichsee verbrachte. Ein Kunde hatte seinen Besuch inklusive Abendessen in der «Juwelenhalle» kurzfristig abgesagt, dummerweise hatte dessen Gattin die fahrlässig im Schreibtisch aufbewahrten Bankunterlagen gesichtet, und die Höhe des Notgroschens in der Schweiz hatte sie sogar weniger echauffiert als ein paar peinliche Abbuchungen von Escort-Services in Madrid, New York und Singapur. Da war nun Feuer im Dach, das Wort Scheidung schwebte im Raum, verbunden mit üblen finanziellen Drohungen, und das Problem hatte natürlich Vorrang vor einem lustigen Essen mit Kuster und anschließendem Escort-Service in Zürich.

Zuerst war Kuster ja noch froh gewesen, das ersparte ihm sterbenslangweilige Schilderungen der Unterschiede der verschiedenen Kurzzeitbegleiterinnen seines Kunden, bis hinein in die widerlichsten anatomischen Details und Erkenntnisse wie, dass asiatische Nutten Analverkehr weniger ablehnend gegenüberstanden als amerikanische, während Schlitzaugen, wie sein Kunde sich auszudrücken beliebte, Natursektveranstaltungen nur gegen massiven Aufpreis durchführten.

Aber jetzt, als Kuster in der gerade neu angeschafften obereleganten Rattanchaiselongue auf seiner Terrasse lag, einen perfekt dekantierten Cheval Blanc 1964 in der Kristallkaraffe neben dem Privat-Handy auf das Beistelltischlein drapiert, kam ihm das heulende Elend, obwohl er gerade vor zehn Minuten nochmals zwei Stimmungsaufheller und einen Stabilisator aus seinem gutbestückten Medikamentenschrank eingeworfen hatte. Koksen war seine Sache nicht, schließlich war er kein Investmentbanker, aber eigentlich bin ich doch auch nichts anderes als ein Escort-Service, dachte Kuster melancholisch. Bloß werde ich von den Kunden nicht gefickt, weder anal noch sonst wie. Aber mich kann man nachts um drei anrufen, wenn die

Daunenendecke im «Dolder» kratzt und der Zimmerservice keine bessere anbieten kann, mir kann man befehlen, den vergessenen Kindergeburtstag auszurichten, aber pronto bitte, mit Weltklasseclown, Sprüngli-Glace und als Überraschung eine Gokart-Bahn im Garten, aber bitte mit Schumacher als Vorfahrer.

Das ginge ja alles noch, Kuster nahm einen viel zu großen Schluck vom Cheval Blanc, aber dann immer das ewig gleiche Geklöne über unverschämte Steuern, unverschämte Bedienstete, unverschämte Ehefrauen, unverschämte Banker, arbeitsscheue Schwarze, arbeitsscheue Schlitzaugen, arbeitsscheue Latinos, arbeitsscheue Geliebte.

Und dann diese ewig gleichen Triumphgesänge, alle anderen sind Deppen, müssen geradezu über den Tisch gezogen werden, an die Wand geklatscht, in den Boden gestampft, eingemacht, abgesägt, weggehauen, niedergemäht. Eigentlich lastet ja das Gewicht der ganzen Welt auf den Schultern dieser Egobolzen, ohne ihren unermüdlichen Einsatz ginge ja alles den Bach runter, Kuster nahm schon wieder einen zu großen Schluck, und dann dieser Neid, nur weil sie sich nach diesen übermenschlichen Anstrengungen auch mal erholen mussten, auf ihren Yachten, in ihren Penthäusern, Ferienvillen, und natürlich braucht man einen Privatjet, wie käme man denn sonst vom Meeting in New York rechtzeitig zum Abschlag auf dem Golfplatz in Thailand?

Aber eigentlich, drang Kuster in den finstersten Winkel seiner Seele vor, bin ich wahrscheinlich nur neidisch, weil ich da gelegentlich mitspielen darf, aber nur als geduldeter Gast, letztlich als Hilfssklave, als Hanswurst, als Möchtegern. Kuster wollte nochmals einen Schluck nehmen, dann überlegte er es sich aber anders und warf eine Pille ein, die ihn innert fünf Minuten in einen traumlosen Tiefschlaf sinken ließ.

Einundsiebzig

Hinderli band sich nach Lindau die Krawatte wieder um, denn eine gute Tarnung ist für einen Liechtensteiner Privatbanker wichtig, wenn er die Grenze nach Deutschland überquert. In der nächsten Raststätte kaufte er sich die FAZ und eine Feinstaubplakette, denn nicht nur Tarnung, sondern auch Gesetzestreue ist für einen Mitarbeiter der Fürstlichen Effektenbank in Deutschland besonders wichtig.

Mit genügend Zeitreserve bog er in Stuttgart in die Schillerstraße ein und parkierte sein Auto beim «Schlosshotel». Dann suchte er sich im Café des Hotels eine ruhige Ecke und wartete auf Herrn Franke, der etwas besorgt über die Sicherheit seiner netten Steuerhinterziehungsstiftung im Ländle war, nach ein paar unglückseligen Vorfällen mit Kundendaten in letzter Zeit. Hinderli hatte sich ja auch leise gewundert, wieso es so einfach war, Tausende von Klarnamen zu kopieren und aus den doch so diskreten fürstlichen Banken zu schmuggeln. Jemand klopfte an die FAZ, die er sich als Erkennungssignal vor die Nase gehalten hatte, und ein unauffälliger Herr mit Brille sprach ihn an: «Franke, ich hoffe doch, dass hinter der FAZ auch in diesem Fall ein kluger Kopf steckt, Herr Hinderli.»

Nach den üblichen Präliminarien kam Hinderli, der kluge Kopf, gleich zur Sache: «Nun, Herr Franke, ich kann Ihnen da einige Alternativangebote unterbreiten, falls Ihre Bedenken wegen der Datensicherheit bei uns in Liechtenstein anhalten sollten. Wir hätten da beispielsweise eine Möglichkeit in Singapur, eine andere Option wären die Bahamas.»

«Reden wir Klartext», sagte Franke, «davon erfährt der deutsche Fiskus wirklich nie?»

«Nun», sagte Hinderli vorsichtig, «wir gehen ja davon aus, dass es sich bei Ihren Anlagen nicht um Schwarzgeld handelt, wobei wir andererseits natürlich in Ausübung unserer staatlichen Souveränität nicht verpflichtet sind, das nachzukontrollieren, aber auf jeden Fall ist Ihr Kapital in Singapur beispielsweise völlig anonym deponiert und untersteht weiterhin den klaren Bestimmungen des Liechtensteiner Stiftungsrechts, bei dem Nachforschungen bekanntlich beim federführenden Treuhänder ihr Ende finden.»

«Schön», sagte Franke, «und wie schaut es aus, wenn ich weitere Einzahlungen vornehmen möchte?»

«Das können wir wie gewohnt handhaben», sagte Hinderli beflissen, «Sie können Ihre Bareinzahlungen weiterhin in Vaduz vornehmen. Als Entschädigung für mögliche Umtriebe, die Sie gehabt haben mögen, bieten wir neuerdings auch unseren Transferservice aus Deutschland nach Vaduz zu Sonderkonditionen an, lediglich zwei Komma fünf statt fünf Prozent der zu deponierenden Einlage.»

«Großzügig», sagte Franke und nahm einen Schluck vom Schlosskaffee, «wie viel kostet mich denn der Umzug meines Geldes nach Singapur? Und nebenbei, zufälligerweise hätte ich gerade zweihunderttausend Euro dabei, würden Sie die freundlicherweise gleich selbst nach Vaduz transferieren?»

Hinderli sippte an seinem Schwarztee, um etwas Zeit zu gewinnen, das war nun nicht vorgesehen: «Nun, zu Ihrer ersten Frage, auch da kommen wir unseren Kunden gerne entgegen, wir hätten da eine Pauschalfee von fünfzehntausend Franken, all in, und an den jährlichen Verwaltungskosten würde sich auch nichts ändern.» Nun musste Hinderli aber bezüglich der zweiten Frage Farbe bekennen: «Also normalerweise bin ich mit solchen Transfers ja nicht befasst, aber ausnahmsweise biete ich Ihnen gerne Hand dazu.»

Hinderli unterzeichnete brav eine Quittung über zweihunderttausend Euro, die er natürlich in der Hand behielt, übernahm auch großzügig die Rechnung und folgte Franke zu dessen Wagen auf dem Parkplatz. Nachdem Hinderli das Geldbündel durchgezählt hatte, händigte er Franke die Quittung aus und wollte sich gerade verabschieden, als zwei kräftige Herren wie aus dem Nichts auftauchten. Ehe Hinderli es sich versah, hatten sie ihm das Geldbündel abgenommen, seine Hände auf den Rücken gedreht, und dann klickten auch schon die Handschellen.

«Vorkötter, deutsche Steuerfahndung, Sie sind vorläufig festgenommen», stellte sich einer von ihnen vor, und Hinderli starrte fassungslos Franke an: «Aber, aber, was soll denn das?», stammelte er.

«Wissen Sie», sagte Franke, «Ihr Fürst mag ja ein nettes Schloss haben, aber Straffreiheit kann er mir leider nicht gewähren, also gehe ich doch lieber auf Nummer sicher, Sie verstehen das bestimmt.»

Zweiundsiebzig

Hugentobler hatte wie ein Löwe gekämpft, seine Unabkömmlichkeit an seiner Stabsstelle in die Schlacht geworfen, sogar einen Moment mit dem Gedanken gespielt, ein ärztliches Attest zu besorgen, aber schließlich hatte er sich murrend in sein Schicksal gefügt. Das ist aber das allerletzte Mal dieses Jahr, hatte er grimmig angekündigt.

Natürlich war es so schlimm, wie er befürchtet hatte, der Fortbildungskurs «New Flexible Financial Tools, Options taylor made and fit for the Future». Wer sich wohl diese schwachsinnigen Titel ausdenkt?, grübelte Hugentobler, während er im Power Meeting Point, früher hieß das Seminarraum und das ging ja auch, gelangweilt im Tagungsprogramm, pardon, Schedule Abstract, blätterte. Introduction, Kick-off, Key Note, Basics, Group Work, Results, Q & A, Summary, Bye-Bye, was für eine Ansammlung von Unsinn, dachte Hugentobler.

Vorne laberte sich wie immer so ein aufgebürsteter Angeber des Inhouse-Research-Teams, was immer das sein mochte, durch das Einmaleins der Optionen, stolperte nur dreimal bei der richtigen Definition von in the money, out of the money und Barrier Options, und als er bei Cliquet und Ladder Options angekommen war, war es klar, dass auch der letzte Teilnehmer im Raum geistig ganz weit weg war.

Im Prinzip ist es doch ganz einfach, dachte Hugentobler. All der Schrott, den man unter dem schönen Begriff Derivate zusammenfassen kann, ist für Leute, denen es im Casino zu langweilig ist. Eine teuflische Mischung von Spekulationen auf die Zukunft plus Hebelwirkung, ungefähr so ungefährlich wie das Jonglieren mit Nitroglyzerinflaschen.

Der Langweiler mit seiner Power-Point-Präsentation war inzwischen bei den Sensitivitäten und Kennzahlen angelangt und arbeitete sich, offensichtlich an seiner Leistungsgrenze angelangt, durch die Griechen, von Delta bis Omega. Hugentobler hörte amüsiert mal kurz rein: «Eine Option mit einem aktuellen Hebel von zehn und einem Delta von fünfzig Prozent hat also ‹nur› ein Omega von fünf, der

Schein steigt also etwa um fünf Prozent, wenn die Basis um ein Prozent steigt.»

Super, dachte Hugentobler, bei einer Versammlung von Nostradamus-Anhängern würde es auch nicht absurder tönen. Mal schauen, ob ich da nicht etwas Schwung in die Veranstaltung bringen kann, sonst falle ich hier noch vom Stuhl, und Hugentobler hob seine Hand.

«Nun, Q & A wäre eigentlich erst im Anschluss an die Gruppenarbeiten», sagte der Referent, «aber bitte, Sie haben eine Frage?»

«Jawohl», sagte Hugentobler, «sehe ich das richtig, dass ich auch eine Call Option zeichnen kann, die sich als Basiswert darauf bezieht, dass der zweite Gummibaum von rechts neben dem Eingang der Börse von Tokio in den nächsten vierundzwanzig Stunden ein Blatt fallen lässt – oder eben nicht?»

Der Referent blinzelte etwas ungläubig mit den Augen, aber eigentlich konnte er sich nicht vorstellen, dass ihn hier jemand auf den Arm nehmen wollte: «Ein etwas ungewöhnliches Beispiel, aber im Prinzip, nun ja …»

Hugentobler legte nach: «Oder nehmen wir eine Put Option darauf, ob Sie sich beim anschließenden Power Lunch die Krawatte bekleckern?»

Der Referent kniff die Lippen zusammen und fing an, übel zu nehmen: «Also ich weiß nicht, ob diese Beispiele uns hier wirklich weiterbringen.»

Aber Hugentobler bog schon in die Zielgerade ein: «Okay, dann hätte ich eine einfachere Frage. Wie würden Sie den Unterschied zwischen Roulettespielen und Optionshandel definieren? Beim Roulette werden die Einsätze einfach umverteilt und die Bank gewinnt immer. Wenn die Bank pleitegeht, dann kann ich meine Chips nicht einlösen. Ist bei Optionen genauso, außer, dass ich beim Roulette nicht nachschießen muss, sondern höchstens meinen Einsatz, der auf dem Tisch liegt, verliere. Nun, wenn Sie da nicht noch Wesentliches zu ergänzen haben, könnten wir eigentlich gleich zum Lunch übergehen. Ich setze übrigens hundert Franken darauf, dass Sie sich Ihre Krawatte bekleckern, fünfzig, dass nicht. Will da jemand, im Rahmen einer

Over-the-Counter-Option, dagegenhalten? Es gibt immerhin Salat und Suppe.»

Dreiundsiebzig

«Ist ja faszinierend», sagte Kuster und spießte das zweite von drei Salatblättern auf, das im neuen In-Restaurant «Pult» als Trio von Sommersalat auf einem Balsamicospiegel mit genesteter Brunnenkresse im Pastetenbettchen serviert wurde. Sein alter Kollege Stephan war mal wieder im Land, der hatte sich als Privatbanker vor Jahren selbstständig gemacht und tourte durch Amerika, von Kanada bis Chile, um seinen rund vierhundert Kunden hilfreich beizustehen, ihr sauer verdientes Geld vor den gierigen Klauen der Finanzämter in Sicherheit zu bringen.

«Also in Argentinien würde der Koch für einen solchen Salat für diesen Preis von den Gauchos durch die Straße geprügelt», grinste Stephan, «aber du lädst ja ein. Aber genau, was mir das Leben immer schwerer macht, ist das Problem, wie ich das Schwarzgeld aus dem Land rauskriege, Banküberweisung kann man ja heutzutage vergessen, Bargeld ab zehntausend Dollar ist risky, ein Geldbote, wenn er nicht geschnappt wird und nicht mit dem Zaster verschwindet, greift sich mindestens zehn Prozent ab, und wenn's ganz blöd läuft, kann man ja an fast jedem Dollarschein Kokainspuren nachweisen, das stellt einen logistisch vor ganz schöne Herausforderungen. Ganz zu schweigen davon, wie man heute euch Schweizer Banker dazu überreden muss, auch mal einen größeren Betrag in Cash reinzunehmen.»

Kuster nickte, machte sich durch mehrmaliges Fingerschnippen beim gelangweilten Personal bemerkbar und wies auf das fast leere Weinglas von Stephan hin, das schwungvoll aufgefüllt wurde, wobei der Kellner am Schluss die Flasche nicht abdrehte und deshalb eine kleine Tropfenspur zum Eiskübel hinterließ. Immerhin Weißwein, dachte Kuster. «Und wie machst du's dann, komm, rück raus, reine Neugier, ich fühle mich hier pudelwohl an der Bahnhofstraße.»

Stephan schaute enttäuscht auf die zwei klitzekleinen Kalbsleberstreifen, die, ergänzt durch zwei Kaffeelöffel Kartoffelpüree, drei Scheibchen Karotten und zwei ganz nett geschnitzte Zucchini-Stäbchen, die Sinfonie von der Naturkalbsleber, im Pfännchen gebräunt, mit Akkorden von frischem Sommergemüse und einer Trüffelkartoffelmousse bildeten, nicht zu vergessen der Morchelschaum, den wohl die drei Pilzfitzelchen in jeweils einem bleistiftminendünnen, braunen Kreis darstellten.

«Dafür würde in Argentinien der Koch von den Gauchos gleich in der Küche erschlagen», sagte Stephan, «aber auch dazu lädst du ja ein. Nun, eigentlich müsste ich dafür eine anständige Mahlzeit in einem anständigen Restaurant kriegen, mindestens», und mit zwei, drei Bissen putzte Stephan seinen Teller leer.

Kuster winkte mit beiden Händen, bis es ihm gelang, wieder die Aufmerksamkeit eines der vielen beschäftigungslosen Kellner zu erregen. «Noch etwas Wein?», fragte der vermeintlich zuvorkommend, obwohl alle Gläser auf dem Tisch noch wohlgefüllt waren. «Nein, im Moment nicht», sagte Kuster, «aber wenn es vielleicht möglich wäre, meinem Gast noch etwas nachzulegen.»

«Aber natürlich», sagte der Kellner, «sofort.»

«Also», sagte Stephan, «der absolute Spitzentrick heißt Hawala.»

«Ha was?», fragte Kuster verblüfft.

«Hawala, islamische Geldüberweisung. Du gehst, sagen wir in Lima, in eine Hawala-Stube, deponierst dort hunderttausend Dollar, und schwupps schickt der Inhaber ein Fax an seinen Kollegen in Zürich, dort hunderttausend auszuzahlen. Funktioniert strikt auf Vertrauen und Gottesfürchtigkeit, kein Beschiss, keine Kommissionen, nur eine kleine Aufwandentschädigung.»

«Ist ja genial», sagte Kuster, und der Kellner nahte mit einer großen Silberglocke auf einem Teller und stellte das Gebilde mit großartiger Geste vor Stephan ab. Dann hob er die Silbercloche, und auf dem Teller barmte ein einziges Leberstreifchen mit zwei Karottenscheibchen und einem Kaffeelöffel Kartoffelpüree um die Wette.

«Vergiss es», sagte Kuster, «wir gehen dann gleich noch richtig essen, sorry, war eine schlechte Wahl. Aber gibt es da denn keinerlei Probleme mit diesen Hawalas?»

«Nun ja», erwiderte Stephan, nachdem er den Tellerinhalt mit einem Bissen in den Magen befördert hatte, «ein klitzekleines Problem gibt es schon. Auch al-Kaida und andere Wahnsinnige benützen diese Überweisungsmöglichkeit, aber Allah ist groß und hat mich bisher beschützt.»

«Du bist doch nicht etwa …», sagte Kuster.

«Aber nein», unterbrach ihn Stephan, «wobei, nach diesem Essen muss ich es mir ernsthaft überlegen.»

Vierundsiebzig

Investmentbanking, dachte Äbersold, während er die Kundenliste überflog, die er heute anrufen musste, um ihnen mal wieder ein neues Derivat ins Portefeuille zu drücken, das ist eigentlich ein Synonym für Bankrott. Aber das würde er seinen Kunden natürlich nicht erzählen, deswegen dachte er es sich als Einstimmung auf den langweiligen Vormittag einfach mal durch.

Betrieben wird es von Psychopathen, Zockern, Koksern und Kriminellen wie Phillip Bennett. Allerdings haben da die Anleger ein Gedächtnis wie ein Sieb, denn wer erinnert sich heute schon noch an den Konkurs von Refco, obwohl der nur ein paar Jahre her ist, brummte Äbersold. Bis 2005 war Refco der größte Broker in Chicago und drehte auch die ganz großen Räder weltweit, bis er die Bücher deponieren musste und der Chef wegen Bilanzfälschung in den Knast wanderte.

Für einen Investmentbanker gibt es eigentlich nur zwei Zustände, führte Äbersold seinen Gedanken weiter, das ist wie beim Computer, eins oder null. Entweder trägt er dicke Hosenträger und fühlt sich als Herr des Universums, oder er trägt Gefängniskluft und hat vorher weinerlich eingestanden, dass er seine schrecklichen Taten bereue. Also sind Investmentbanker mit dicken Hosenträgern und einem Selbstbewusstsein wie ein Wolkenkratzer Kriminelle, denen man ihre Taten noch nicht nachgewiesen hat.

Die einzige Art, wie ein Investmentbanker Erfolg haben kann, ist, wenn er schneller, skrupelloser und krimineller handelt als alle anderen, denn alle Investmentbanker sind schnell, skrupellos und kriminell, sonst haben sie ihren Beruf verfehlt. Äbersold war sich ziemlich sicher, dass er das seinen Kunden nicht erzählen würde. Die erinnerten sich schließlich auch nicht daran, dass man in den USA schon 1933 normale Banken und Investmentbanken voneinander getrennt hatte, nachdem die Investmentbanker die erste große, schöne Spekulationsblase hergestellt hatten, die dann alles in die große Depression riss. Dass die Welt inzwischen Dotcom und Hyposchrott einigermaßen überstanden hatte, liegt ja nur daran, grinste Äbersold, dass genügend Geld auf dem Planeten rumschwirrt, das gelegentlich umverteilt wird.

Muss man sich mal vorstellen, schüttelte Äbersold den Kopf, mit geliehenem Geld, das im Normalfall um den Faktor fünfzig das eigene Geld übersteigt, spekulieren diese Verrückten darauf, dass man irgendwo innert kürzester Zeit einen Reibach von zwanzig Prozent oder mehr machen kann, eher dreißig Prozent, denn von irgendwas müssen ja auch alle ihre hübschen Boni bezahlt werden.

Das kann eigentlich nur dann funktionieren, wenn man legal Gelddruckmaschinen kaufen dürfte, kicherte Äbersold, da man das aber nicht kann, ist das so, wie wenn man an einem Formel-eins-Rennen teilnimmt. Allerdings mit einem Boliden, der kein Steuerrad und keine Bremsen hat.

Man setzt sich wichtigtuerisch den Helm auf, klappt das Visier runter, macht mit beiden Händen das Daumen-Hoch-Zeichen, und tritt aufs Gas. Dass auch das Visier völlig undurchsichtig ist, erzählt man natürlich niemandem, denn schließlich müssten die Zuschauer ja wissen, dass niemand in die Zukunft sehen kann. Und wenn der Investmentbanker dann tatsächlich und aus reinem, irrwitzigem Zufall die erste Runde überstanden hat, klettert er aus dem Wagen, macht das Victory-Zeichen und köpft die Magnum-Champagnerflasche.

Äbersold seufzte und griff zum Telefonhörer: «Herr Winters, guten Morgen. Lassen Sie mich gleich zur Sache kommen. Ich hätte da für Sie als geschätzten Kunden ein interessantes M & A, absoluter Geheimtipp. Wenn Sie da einsteigen wollen, wir hätten Ihnen da eine derivative Lösung anzubieten, mit Stop-Loss-Schwelle und allen Schikanen. Sicherlich, ich schicke Ihnen gleich das Anlagemodell rüber. Wie bitte? Nun, Sie wissen, ich kann keine Gewinnversprechen machen, niemals, aber unsere Investmentbanker gehen von einem potenziellen Gewinn von, also rein unverbindlich in den Raum gestellt, zwanzig Prozent aus. Nein, quarterly, Herr Winters, quarterly. Ist natürlich nicht ganz risikofrei …»

Fünfundsiebzig

Kuster erinnerte sich noch dunkel, wie er damals das Manual überflogen hatte. Garantierte Geldanlage, erstklassige Schuldner wie staatliche Institutionen, Museen, Gemeinden. Obligationen at its best, hatte es geheißen, da die Anlageheinis ja eigentlich weder Deutsch noch Englisch konnten. Dann das Wording, also was er seinen Kunden erzählen sollte, «verbindet den Pep einer Aktie mit der Sicherheit einer Obligation, Zinssätze werden in monatlichen Auktionen neu festgelegt, normalerweise, wie immer bei Auktionen, steigt damit der Wert, Marktvolumen mehr als dreihundert Milliarden, großartige Sache».

Und dann seine persönliche Zielvorgabe, Bonus ab zehn Millionen Umschichtung, Extrabonus ab zwanzig, Superbonus ab vierzig Millionen, Zweijahresbonus ab achtzig plus Anteil an den erklecklichen Fees und Gebühren.

Was diese Auction Rated Securities genau waren, hatte Kuster sowieso nicht kapiert, war ihm auch völlig egal, das gehörte ja nicht zu seinen Kernkompetenzen. Als er dann das erste Mal in der NZZ bösartige Artikel gelesen hatte, illiquider Markt, nächste Problemlage nach dem Hyposchrott, hatte er gelangweilt weitergeblättert, und als die Citigroup damit begann, den ARS-Schrott zurückzukaufen, hatte Kuster immer noch gelangweilt gegähnt, selbst als die Kollegen auf der anderen Seite der Bahnhofstraße zu Kreuze krochen und sagenhafte zwanzig Milliarden von dem wertlosen Zeug in die eigenen Bücher genommen hatten, hatte er nur den Kopf geschüttelt und gedacht, die hopsen im Moment ja in jedes Loch rein, das sich vor ihnen auftut.

Aber als er sich gerade dem Extrabonus näherte und schon mindestens die Hälfte des Tages damit verbrachte, sich zu überlegen, wie er denn dieses Extrageld raushauen sollte, hatten die nervigen Anrufe begonnen. Die Anlageheinis waren natürlich, wie immer, auf Tauchstation gegangen, Corporate Communication hatte wie immer Unbrauchbares gemurmelt wie «erwarten Entspannung der Marktlage, Werthaltigkeit nicht tangiert, verständliche, aber irrationale Überreaktion des Marktes, empfehlen Halten».

Natürlich kein Wort, wie Kuster in dieser Situation reagieren sollte, als er einen leicht hyperventilierenden Peterhans am Hörer hatte, fünf Millionen ARS im Depot und sehr, sehr aufgebracht: «Wenn selbst die EBS 20 Milliarden zurücknimmt von dem Schrott, wieso können Sie mir als meine Hausbank nicht 5 Mio abnehmen, he?»

«Nun, ich will das Vorgehen unseres Mitbewerbers nicht werten, aber wir gehen davon aus, dass es sich weiterhin um eine sichere und werthaltige Anla…»

«Noch ein Grund mehr», sagte Peterhans, «dann nehmen Sie doch diese sichere und werthaltige Anlage in Ihre Bücher, und alle genießen einen friedlichen Nachmittag.»

«Wir unterhalten keinen Sekundärhandel für ARS», versuchte es Kuster, «wir können aber gerne versuchen, Ihre ARS auf dem Markt zu platzieren, und ich kann Ihnen da so weit entgegenkommen, dass wir das sogar kostenneutral durchführen würden, als Ausdruck …»

«Entgegenkommen?», echauffierte sich Peterhans. «Aber wenn es gar keinen Markt gibt, wie wollen Sie den Schrott dann platzieren, verdammt noch mal?»

«Im Augenblick ist es tatsächlich so, aber wir gehen davon aus, dass …»

«Wovon Sie ausgehen, ist mir wurscht», unterbrach Peterhans

schon wieder, «aber da hätte ich einen anderen Vorschlag. Beleihen Sie mir doch die bombensicheren ARS, welcher Zinssatz käme da zum Einsatz?»

Clever, dachte Kuster, verdammt clever. «Das kläre ich gerne für Sie ab, rufe gleich zurück», murmelte er ermattet ins Telefon. Zehn Minuten später zog sich Kuster die Krawatte fest, holte tief Luft und rief Peterhans zurück: «Leider muss ich Ihnen mitteilen, dass wir im Moment nicht in der Lage sind, ARS als Sicherheit zu akzeptieren. Die Unmöglichkeit der Wertbestimmung ...»

«Wie bitte?», explodierte Peterhans. «Meine bombensicheren, liquiden, geldwertigen ARS haben also im Moment einen Wert von null?»

«So kann man das sicherlich nicht ...»

«Sie hören von meinem Anwalt», knurrte Peterhans und legte auf. Ist ja großartig gelaufen, stöhnte Kuster und drückte auf den Durchwahlknopf zu Legal. «Scheißproblem, wir arbeiten dran», bekam er mitgeteilt. Das hob seine Stimmung auch nicht. Vorsichtshalber bestellte er aber die schon gebuchte Reise nach Tahiti, First natürlich, wieder ab.

Sechsundsiebzig

Elmore, Little & Willis hatte mal wieder einen der wenigen verbliebenen Konkurrenten geschluckt. Damit war EL & W dem Ziel, dass vom Nordpol bis Feuerland alle Finanzdienstleistungen wie Audit oder Tax von einem seiner inzwischen zweihundertsiebenundvierzigtausend Mitarbeiter ausgeführt würden, einen bedeutenden Schritt näher gekommen. Dieses Ereignis musste natürlich der Öffentlichkeit gebührend vermittelt werden. Mit anderen Worten, ein neuer Claim musste her.

In London war eine der weltweit führenden Claim-Schnitzereien mit der Ausarbeitung beauftragt worden. Die hatte sich die Hände gerieben, eine Offerte gemacht, bei der selbst die Erbsenzähler von EL & W geschluckt hatten, aber der CEO Worldwide hatte nur gesagt: «Machen, muss sein», und so wurde der Welt, zweihundertfünfzigtausend Pfund später, ein neuer Slogan geschenkt: «Challenging your challenges. Double performance. EL & W.»

Das hatte am Anfang niemand wirklich kapiert, aber nachdem der Chefverkäufer der Claim-Schnitzerei enthüllt hatte, dass das Wort «double» genial mit dem W von EL & W spiele, «double» und «double u», nicht wahr?, der CEO kurz von seinem Blackberry aufgeblickt und wichtig genickt hatte, war zögernder Applaus im Meetingroom des Executive Board hörbar geworden.

Und seither hatte CCO Meier ein Problem an der Backe. Das Meeting der Taskforce Rebranding in Zürich, abgekürzt TFR, ging schon in die sechste Stunde, nachdem der Sushi-Caterer das zweite Mal geliefert hatte, konnte niemand mehr rohen Fisch sehen, geschweige denn essen, schon mehrfach hatte Meier andere wichtige Meetings absagen müssen, die Nacht brach herein, und allen sechs Mitgliedern der Taskforce, inklusive zwei Pfeifen, deren Namen sich niemand merken konnte, war noch keine brauchbare Übersetzung des Claims auf Deutsch eingefallen.

Am Anfang waren Versuche nur so durch die Luft geschwirrt, «Doppelte Herausforderung. Doppelte Leistung», «Herausforderung in der Leistung. Doppelt», «Herausfordernde Herausforderung, zweifach», eins ums andere Mal hatte Meier den Kopf geschüttelt, so leise, dass kaum jemand etwas verstand, gemurmelt «ganz weit weg», eine der beiden Pfeifen hatte sogar für einen sich abzeichnenden Karriereknick gesorgt, indem er vorschlug: «Herausforderung. Weit weg», was ihm einen vernichtenden Blick von Meier, so aus den Augenwinkeln, einbrachte.

Wörterbücher waren angeschleppt worden, ein ganz Schlauer hatte sogar sein Übersetzungsprogramm im Computer angeworfen. Und eine Weile waren alle, aber eher aus Verzweiflung, ziemlich sicher gewesen, dass «Herausfordernde Herausforderungen. Doppelte Leistung» eigentlich der Knaller sei, die Lösung, absolut. Aber Meier hatte nur wieder den Kopf geschüttelt, auch, als ein anderer Schlaumeier auf die Idee kam, doch mal Sinclair dazuzubitten, der war zwar

Steuerspezialist und sprachlich eher unbeholfen, aber immerhin Engländer. Sinclair war zu Hause aufgescheucht worden, mit glühenden Reifen in die Zentrale gerauscht. «Urgent matter, show up asap», hatte er auf seinem Blackberry gelesen und schon gedacht, seine Sekretärin hätte ihn endlich und völlig zu Recht wegen sexueller Belästigung angeschwärzt. Er hatte dann erleichtert aufgeschnauft, als er den eigentlichen Grund für seine Anwesenheit erfuhr, aber außer «well, this is schwierig» hatte er auch nichts Nennenswertes beitragen können.

Nachdem die Sushis, die langsam eine gewisse Duftnote entfalteten, von der Sekretärin abgeräumt worden waren, die Jacken über den Stuhllehnen hingen und die Krawatten locker von den Hälsen baumelten, stimmten alle erleichtert dem Vorschlag des Vize-CCO zu: «Wieso lassen wir es eigentlich nicht auf Englisch? Ist doch Finanzsprache, garantiert Corporate Identity, wir heißen ja schließlich Audit und Tax und nicht Buchprüfung und Steuer, nicht wahr?»

«Genau, absolut, stimmt, der Hammer, einfach und genial», schwirrte durch den Raum, und alle Anwesenden sahen das Licht am Ende des Tunnels. Bis Meier sagte: «Klare Vorgabe ist: Übersetzung in die Nationalsprachen, worldwide. Business is local, wie wir alle wissen. Das nächste Meeting kann ich nicht verschieben, erwarte bis übermorgen eight sharp Lösungen», und den Raum verließ.

Siebenundsiebzig

Der Head Customer Management von Elmore, Little & Willis war sich eigentlich sicher, dass er auch diese Prüfung überstehen würde. Schließlich hatte er schon das neue Design eines Kugelschreibers und eines Badetuchs fast erfolgreich auf die Rampe geschoben, von der neuen Image-Kampagne letztes Jahr ganz zu schweigen.

Im Sitzungsraum fischelte es immer noch leicht, leider war kein anderer frei gewesen. Aber der Head hatte aktuell ganz andere Probleme, mit seinen zwei Assistants, einer Sekretärin und zwei Pfeifen, deren Namen sich nie jemand merken konnte, musste er bis morgen

Punkt acht eine deutsche Übersetzung des neuen Claims von EL & W aus dem Hut zaubern. «Challenging your challenges. Double performance. EL&W», mit einer angeblich genialen Doppelbedeutung von «double» im «double u» von EL & W. Aber wenn schon, leider nur auf Englisch, seufzte der Head.

«Also», sagte er gewichtig, «es ist jetzt sieben Uhr dreißig, wir haben etwas mehr als vierundzwanzig Stunden Zeit, diese Challenge anzunehmen. Darf ich um Lösungsvorschläge bitten?»

Tiefes Schweigen antwortete ihm, Laptops wurden wichtig auf- und wieder zugeklappt, die Sekretärin war die Einzige, die ihn offen anblickte, denn von ihr erwartete sowieso niemand etwas.

«Das ist ja nicht gerade viel», sagte der Head streng, «wenn ich da um etwas mehr Proaktivität bitten dürfte.»

Einer der Assistenten meldete sich endlich zu Wort: «Ich habe vielleicht eine Lösung. Ich schlage vor, wir machen ein Outsourcing, wir brauchen offensichtlich Input von außen, Kompetenz dort abholen, wo sie ist, nicht wahr?»

Der zweite Assistent hatte in der Zwischenzeit auf seinem Laptop rumgehackt und sagte triumphierend: «Hatte die gleiche Idee, bin aber schon einen Schritt weiter und habe eine Liste von Claim-Agenturen in Zürich mitgebracht.» Der erste Assistent lief nun rötlich an.

Kann ich dem CCO als eigene Idee verkaufen, dachte der Head befriedigt, nicht schlecht. Deshalb nickte er wohlwollend: «Spülen Sie's doch mal schnell zu mir rüber, Cc an Fräulein Wichtig, die kann dann gleich die Aufträge raushauen.»

Der zweite Assistent spürte, dass ihm seine Idee abhandenkam, und dachte Scheißspiel, aber gehorsam bastelte er die E-Mail. Allerdings hatte er in der Eile unter dem Suchbegriff Claim-Agentur Zürich gegoogelt und nur drei Wald-und-Wiesen-Agenturen gefunden, die, wie er zu Recht befürchtete, wohl noch nie im Leben einen englischen Claim auf Deutsch übersetzt hatten. Aber ein Zurück gab es nicht mehr, also freute sich die einzige Agentur, deren E-Mail-Adresse Fräulein Wichtig auf die Schnelle rausgekriegt hatte, über einen überraschenden Auftrag von EL & W.

«Wie die nur auf mich gekommen sind», wunderte sich Peter Huber, Inhaber und einziger Mitarbeiter von Huber Werbung, der gerade dabei war, seinem jüngsten Kunden, dem Sportverein Untererlinsbach, eine Mahnung über fünfhundert Franken für Text, Design und Druck des Einladungsflyers für den Festabend mit Rahmenprogramm zu schicken, als sein Mail-Eingang klingelte.

Aber Huber erkannte eine Chance, wenn sie sich auf seine Nase setzte. «Unsere Taskforce Claim wird sich sofort an die Umsetzung machen», töckelte er mit fliegenden Fingern in die Tastatur, «ich gehe davon aus, dass angesichts des time frame», Huber klopfte sich selbst auf die Schulter, dass ihm dieser Ausdruck rechtzeitig eingefallen war, «eine Offerte nachgereicht werden kann.»

Das gab ihm genügend Zeit, sich zu überlegen, wie viele Nullen er hinter die erste Zahl stellen sollte, denn normalerweise spielte er in einer Liga, in der um zehn Franken mehr oder weniger hart gekämpft wurde.

Frau Wichtig war sich ihrer Bedeutung durchaus bewusst, als sie im immer noch leicht fischigen Meetingroom von EL & W verkündete: «Treffer, die erste Agentur hat bereits geantwortet, setzen sofort eine Taskforce ans Problem.»

«Macht doch schon mal einen guten Eindruck», sagte der Head gewichtig, der erste und der zweite Assistent nickten in Stereo, und ein leiser Glanz dieses Durchbruchs schimmerte auch auf dem Gesicht von Fräulein Wichtig.

Achtundsiebzig

Huber hatte ein Problem, aber ein schönes. Nach langen Jahren zähen Kämpfens, einigen unschönen Gesprächen mit Betreibungsbeamten und anderen unerfreulichen Ereignissen strahlte nun endlich die Sonne des Erfolgs über seiner Kleinstagentur Huber Werbung. Der große Elmore, Little & Willis, fast zweihundertfünfzigtausend Angestellte weltweit, Tax und Audit, hatte geruht, ihn mit der Übersetzung seines neuen Claims zu beauftragen.

«Challenging your Challenges. Double Performance. EL & W» hieß das Wunderwerk.

Eigentlich unvorstellbar, dachte Huber, wie die bloß auf mich gekommen sind? Sein größter Kunde in den letzten Jahren war Wildinger Schrauben gewesen, KMU mit achtzehn Mitarbeitern, die hatten ihn mit der Überarbeitung ihrer Verkaufsbroschüre beauftragt, über seinen Versuch, ihnen auch eine Imagebroschüre aufs Auge zu drücken, hatte Wildinger nur gelacht, «das Design macht dann unser Lehrling», hatte Wildinger noch hinzugefügt, «der kann Computer», dann hatte es noch einen Riesenkrach über die Rechnung von 2345 Franken ohne MWSt. gegeben, und man hatte sich nach zähen Verhandlungen auf 1875 inkl. MWSt. geeinigt, den Text für die Einladungskarte für Wildingers Silberne Hochzeit hatte Huber noch als Bonus drauflegen müssen.

Und jetzt das. «Aber diese Tschällänsch nehme ich an», grinste Huber, denn er war sich ziemlich sicher, dass challenge Herausforderung bedeutete. Huber nahm den Telefonhörer in die Hand, sagte gewichtig: «Heute keine Anrufe, bitte», während ihm das Freizeichen ins Ohr tutete, dann schaute er sich in seinem kleinen Büro, mehr konnte man auch für fünfhundert Franken Monatsmiete nicht erwarten, gewichtig um.

«Meine Herren von der Taskforce, ich erwarte Ihre Vorschläge», aber es wunderte Huber nicht, dass ihm niemand antwortete. Immer muss man alles selber machen, lachte Huber, na, dann wollen wir mal.

Eine halbe Stunde später war sich Huber bewusst, dass er vielleicht doch ein Problem hatte, und nicht unbedingt ein schönes. «Herausfordernde Herausforderungen. Doppelte Leistung», was soll denn der Quatsch?, dachte er, während es in seinem Mail-Eingang unaufhörlich bimmelte, denn EL & W bombardierte ihn mit Fact Sheets, Wordings, Trees, Manual Corporate Language und anderem Quark, das meiste auf Englisch, und da verstand Huber sowieso nur Bahnhof. Immerhin hatte er rechtzeitig gemerkt, dass «urgent, sign confidential agreement asap» bedeutete, dass er eine Vertraulichkeitserklärung virtuell unterschreiben sollte, «wollte im Meeting Taskforce nicht gestört werden, sorry, Assistentin hat Ihre Mail gerade in unseren Think Tank gereicht», hatte er zurückgemailt.

Aber der spätere Nachmittag war schon angebrochen, und außer vielen Kringeln, Herausforderung, Leistung, leisten, herausfordern, doppelt, verdoppelt, doppeldoppel, leistleist, raus rein, herausraus und ähnlichem Unsinn hatte Huber noch nichts zu Papier gebracht.

«Brauchen erste Vorschläge bis 17.00 h», hatte es in einer der letzten Mails geheißen, und es war schon fast vier. Huber geriet leicht ins Schwitzen, hier brauchte es einen Geniestreich, da war er sich ziemlich sicher. Da fiel ihm in höchster Not der Werbespruch ein, den er für Wildinger kreiert hatte: «Schrauben und mehr.» Das ist's, dachte Huber und sprang aufgeregt von seinem abgewetzten Bürostuhl auf, das ist's, natürlich.

Er setzte sich wieder, verbrachte die meiste Zeit der verbleibenden Stunde damit, eine geschwollene E-Mail zu verfassen, in dem es von Wortfeldern, Assoziationsketten anstoßen, Schweinwerfer richtig einstellen und Kunden dort abholen, wo sie sind, nur so wimmelte, sogar den Begriff core value hatte er im Internet gefunden, und fünf vor fünf setzte er fett, gesperrt, den Claimvorschlag auf eine Extrazeile: «Herausforderung und mehr! Leistung und mehr! EL & W!»

«Beachten Sie die Verstärkung durch die drei Ausrufezeichen», fügte er noch hinzu, kopierte seinen Absender rein und drückte auf die Send-Taste. Dann dislozierte Huber in «Rita's Bar» und bestellte Champagner, «Lokalrunde für alle», kündigte er großspurig an, und Rita nickte ihm anerkennend zu, das hatte Huber noch nie getan.

Neunundsiebzig

«Habe Feedback von der Claim-Agentur», hatte Fräulein Wichtig mit roter Flagge an alle Mitglieder der Taskforce Rebranding bei Elmore, Little & Willis gemailt, «Meetingroom 2.45 reserviert», und alle Empfänger hatten aufgeschnauft, nicht der, in dem seit dem Marathonmeeting von gestern immer noch ein fischiger Geruch vom Sushi-Catering in der Luft hing.

Drei Minuten später waren der Head of Customer Management, seine beiden Assistenten und die zwei Pfeifen, deren Namen sich nie jemand merken konnte, im neuen Meetingroom versammelt, Fräulein Wichtig war mit leicht geröteten Wangen eine Minute später dazugestoßen, dafür hatte sie auch das Feedback bereits formatiert und auf offiziellem EL & W-Draft-Papier ausgedruckt dabei. «Na, da sind wir ja mal gespannt», sagte der Head gewichtig und begann zu lesen. Er achtete sorgfältig darauf, dabei keine Miene zu verziehen, ungefähr so wie der Richter in den amerikanischen Gerichtsserien, wenn der Büttel ihm den Zettel mit dem Verdikt der Geschworenen rüberreicht. «Feedback zum Feedback?», warf er dann in die Runde, und alle Anwesenden, außer der Sekretärin, wussten, dass sich hier einer der entscheidenden Karrieremomente abzeichnete. Die beiden Assistenten belauerten sich, zu lange nichts sagen war nicht karrierefördernd, zu schnell das Falsche sagen auch nicht, und aus dem Gesicht des Head konnte man wirklich nicht herauslesen, verdammt noch mal, was er von dem Vorschlag der Claim-Agentur «Herausforderung und mehr! Leistung und mehr! EL & W!» hielt. Der erste Assistent holte tief Luft, das war aber schon falsch, denn der zweite Assistent hatte ihn genau beobachtet und trompetete sofort los: «Die drei Ausrufezeichen bringen eine neue Dynamik herein», stellte er in den Raum. Pulver zu schnell verschossen, dachte der erste Assistent, und nachdem er beobachtet hatte, dass der Head fast unmerklich genickt hatte, legte er los: «Das ist natürlich nur der Oberton, die Aufnahme der Verdoppelung im Englischen, indem er zweimal mehr verwendet wird, transportiert semantisch unseren neuen Core Value.» Eins zu eins, mindestens, dachte der zweite Assistent bitter, aber nun wussten natürlich alle, selbst die beiden Pfeifen, dass man die erste Positionierung des Head abwarten musste. «Die Ausrufezeichen sind mir natürlich auch aufgefallen», log er, denn darauf hatte er gar nicht geachtet, «die Verdoppelung ist auch aufgenommen, das transportiert so weit das englische Original ‹Challenging your Challenges. Double Performance› ganz gut.» Zu seinem großen Glück konnte sich der erste Assistent gerade noch zurückhalten, in Jubelschreie auszubrechen, denn der Head fuhr fort: «Aber ‹und mehr›, macht das das Ganze nicht etwas schwerfällig? Wäre es nicht schneller auf den Punkt gebracht, wenn wir ‹Mehr Herausforderung! Mehr Leistung!› sagen würden?» Todesmutig warf sich der zweite Assistent neuerlich in den Kampf um den Posten des ersten Assistenten: «Absolut, zwei Mal ‹und›, das ist doch eine unnötige Wiederholung, so rauscht es direkt ins Zentrum unserer Core Value, denn wir bieten ja nicht Leistung und mehr, sondern genauer analysiert mehr Leistung.» Der erste Assistent setzte eine sehr kritische Miene auf: «Das schon, aber kann man ‹mehr Herausforderung› nicht falsch verstehen? Wir wollen doch unsere Kunden nicht mehr herausfordern, sondern ihnen mehr Herausforderung bieten.» Das verstand nun niemand so richtig, aber der erste Assistent nickte triumphierend dem zweiten Assistenten zu, als der Head sagte: «You have a point there», da es immer als besonderes Lob galt, wenn er ins Englische wechselte, womit er zeigte, dass er ein Semester Fortbildung zum MBA Black Belt in Harvard verbracht hatte.

«Wie wäre es dann mit», fuhr der Head fort, um zu zeigen, dass er hier verschiedene Inputs auf einen Nenner bringen konnte, «also mal noch in den Papierkorb gesprochen, mit ‹Herausforderung und mehr! Mehr Leistung!›, das könnte es doch auf den Punkt bringen.»

Allgemeines «Das ist es, super, jetzt haben wir's», Begeisterung.

Bis alle Blackberrys gleichzeitig klingelten, Message vom CCO Meier: «Claim überarbeitet, neu: ‹Challenging your Challenges. Performing Performances›. Meeting morgen früh gecancelt, erwarte entsprechenden neuen Input um 16.00 h sharp.»

Achtzig

Huber hatte doch auf seine innere Stimme gehört und war am späten Abend nochmals in sein Büro gewankt. Nach einer fabulösen Zahl von Champagnerflaschen, die er in «Rita's Bar» in die Runde geworfen hatte, um den ersten wirklichen Großauftrag in der Geschichte von Huber Werbung zu feiern, hatte er schon den Avancen von Rita nachgeben wollen. Aber dann dachte Huber, vielleicht arbeiten die bei Elmore, Little & Willis, Tax und Audit, weltweit Zehntausende von Erbenszählern im Einsatz für EL & W, rund um die Uhr. Wenn ich nur wüsste, wie die ausgerechnet auf mich gekommen sind, um ihren neuen Claim auf Deutsch übertragen zu lassen, ob da ein großes Tier zufällig im Sportverein Niedererlinsbach ist, für den ich als Letztes den Einladungsflyer zum Dorffest bastelte?

Ist ja auch wurscht, dachte Huber dann und versuchte, nachdem er sich aus Ritas Umarmung gelöst hatte und in sein Büro gewankt war, die tanzenden Buchstaben auf dem Bildschirm zur Ruhe zu bringen. Tatsächlich, da war noch eine Mail von EL & W reingerauscht, mit roter Flagge, aber das hatten auch alle anderen der unzähligen Mails gehabt, mit denen ihn EL & W den ganzen Nachmittag lang bombardiert hatte.

Urgent, hieß der Betreff, und Huber wusste inzwischen, dass das eilig bedeutete. Ist sicher das Feedback, dachte er, schüttelte den Kopf, was immerhin dazu führte, dass er für ein paar Momente lang nicht mehr doppelt sah, und begann zu lesen: «Ihren Vorschlag zur Kenntnis genommen, thanks. Neue Ausgangslage: Core Claim inzwischen leicht überarbeitet, lautet neu: «Challenging your Challenges. Performing Perfomances. EL & W». Bitte neue Vorschläge bis morgen, 14.00 h. Zusatzkosten acknowledged.»

Huber schwankte mal kurz auf die Toilette im oberen Stockwerk und kotzte kräftig in die Schüssel, dann hielt er seinen Kopf unter den Wasserhahn und trocknete sich mit ein paar Papiertüchern ab, wobei einige feuchte Krümel in seinen Haaren hängen blieben. Dann schlug er kurz nach, was acknowledged bedeutete, atmete zufrieden auf und schaute auf die Uhr.

He, he, dachte Huber, das kommt gut: «Habe gerade auf meinem Blackberry Ihre Message erhalten, trommle asap meine Taskforce wieder zusammen, no problem», denn ein paar weitere englische Brocken hatte er inzwischen auch aufgeschnappt.

Dann drückte er auf die Send-Taste, 1.24 h, macht denen garantiert Eindruck, dachte Huber befriedigt, ich muss mich allerdings mal erkundigen, ob man es irgendwie merkt, wenn eine E-Mail nicht vom

Blackberry kommt, denn ein solches Teil konnte sich Huber Werbung – ein Angestellter, längere Latte von Einträgen im Betreibungsregister – nun wirklich nicht leisten.

Huber setzte seine altersschwache Kaffeemaschine in Betrieb, versuchte sich krampfhaft durch den Champagnernebel hindurch daran zu erinnern, wie denn sein erster Vorschlag für den deutschen Claim geheißen hatte, aber es wollte ihm einfach nicht einfallen.

Als Huber feststellte, dass nicht nur Filterpapier, sondern auch Kaffee alle war, schluckte er leer. Ach was, dachte er dann, bin sowieso nicht in der Verfassung, einen neuen Claim aus dem Ärmel zu schütteln, mir fällt ja nicht mal der letzte ein.

«Meine Herren», rief er dann in die fast leere Abstellkammer rein, die als Headquarter von Huber Werbung diente, «ich vertage hiermit das urgent meeting der Taskforce New Claim EL & W, Revision one, um mindestens vier Stunden», wobei er allerdings «Task Forsch» und «Schtunden» sagte, aber das fiel ihm nicht auf.

Dann rollte er den Schlafsack aus, der seit dem letzten Krach mit seiner Frau im Büro liegen geblieben war, und haute sich hin. Vielleicht benenne ich mich morgen in Huber Communication – New York • Shanghai • Tokio – um, dachte Huber noch mit einem glücklichen Lächeln auf dem Gesicht, und morgen Abend komme ich dann auf das Angebot von Rita zurück. Lasst euch was einfallen, Jungs, rief er dann noch halb im Schlaf seiner imaginären Taskforce zu, und dann war er auch schon friedlich eingeschlummert.

Einundachtzig

Um Gottes willen, dachte Huber, als er mit leicht verquollenen Augen auf die Uhr schaute, schon fast elf Uhr morgens. Zunächst hatte er sich etwas gewundert, wieso er mit einem Riesenkater im Schlafsack in seinem Kleinbüro erwacht war, aber dann war ihm wieder eingefallen, dass die Riesenbude EL & W ihn mit der Übersetzung ihres neuen Riesenclaims «Challenging your Challenges. Double Performance» beauftragt hatte, und angesichts dieser erfreulichen und bitter nötigen Geschäftsentwicklung hatte Huber in «Rita's Bar» zusammen mit den anderen Gästen gestern Abend fast die Champagnervorräte ausgesoffen.

Aber bis um zwei Uhr erwartete EL & W einen neuen Vorschlag, da am ursprünglichen Claim natürlich noch etwas herumgeschraubt worden war, und eigentlich hatte Huber nur kurz den Rausch ausschlafen wollen, um sich zusammen mit seiner Taskforce an eine neue Übersetzung zu machen.

Huber sprang auf, stürmte einen Stock höher ins WC, spülte indigniert die Überreste seines Mageninhalts weg, die er tief in der Nacht dort hinterlassen hatte, hielt seinen Kopf unter dem Wasserhahn und stellte fest, dass es keine Papiertücher zum Abtrocknen mehr gab. Brauche dringend repräsentativere Büroräumlichkeiten, dachte Huber erbittert und setzte sich mit tropfenden Haaren vor seinen Computer.

«Herausforderung und mehr! Leistung und mehr! EL & W!», hatte sein bisheriger Vorschlag gelautet, besonders stolz war er auf die drei Ausrufezeichen gewesen. Schauen wir mal, dachte Huber, aha, inzwischen haben die «Double Performance» durch «Performing Performances» ersetzt, großartig, was soll der Schwachsinn eigentlich bedeuten? Leistende Leistung? Leistung leisten? Huber schaute auf die Uhr, schon halb zwölf, verdammt, Huber griff zum Hörer und klingelte Rita aus ihrem Schönheitsschlaf: «Brauche dringend Kaffee, literweise, und Gipfeli, ja hier in meinem Büro, sollte nach der Rechnung von gestern doch drinliegen. Ja, sofort, danke.»

So macht man das als Huber Communication! New York, Shanghai, Zürich!, vormals Huber Werbung, dachte er stolz. Eine halbe Stunde später war Rita mit einer Thermoskanne voll Kaffee und ein paar Gipfeli aufgetaucht, und Huber hatte festgestellt, dass sie am Tage betrachtet doch entschieden weniger verführerisch aussah als gestern Abend im Schummerlicht der Bar.

«Was machst du denn da?», hatte Rita gefragt, während sie ihm den Kaffee in einen Plastikbecher schüttete.

«Ich muss ‹Challenging your Challenges, Performing Performances› auf Deutsch übersetzen», nuschelte Huber mit einem Gipfeli im Mund und nahm dankbar einen großen Schluck lauwarmen Kaffee, «davon verstehst du eh nichts, also lass mich in Ruhe arbeiten, wichtiger Kunde.»

Rita hatte mit den Schultern gezuckt und geantwortet: «Also im Gegensatz zu dir kann ich ja Englisch, du erinnerst dich, zwei Jahre ‹Lion's Pub› in London, ist zwar schon eine Weile her», und sie seufzte wohlig in der Erinnerung. Dann fuhr sie fort: «Also das ist schon auf Englisch Quatsch, aber wie wäre es denn mit: ‹Unsere Leistung nimmt Ihre Herausforderung an›? Oder Moment, eher so: ‹Ihre Herausforderung ist unsere Leistung.›»

Huber fiel das halbe Gipfeli aus dem Mund. «Rita, das ist es, genial, großartig, das muss heute Abend gefeiert werden.»

Dann tippte er mit flinken Fingern eine längere Mail an EL & W in die Tasten, in dem er die umfangreichen Tätigkeiten seiner Taskforce wortreich beschrieb, wie dann die Short List immer shorter wurde, und schließlich war, in Stein gemeißelt und nicht zu überbieten, übrig geblieben, gesperrt und mit extragroßen Buchstaben getippt: «Ihre Herausforderung ist unsere Leistung.»

Fast hätte Huber mit Huber Communication! New York, Shanghai, Zürich! unterzeichnet, aber dann ließ er es doch lieber sein.

Zweiundachtzig

Um 14.15 h sharp hatte sich die Taskforce Rebranding von Elmore, Little & Willis in einem geruchsneutralen Meetingroom versammelt, um das Ergebnis der neuerlichen Bemühungen der Claim-Agentur Huber zu diskutieren, bevor um 16.00 h sharp auch noch CCO Meier dazustoßen würde.

«Pünktlich ist der Huber ja», sagte der Head of Customer Marketing einleitend, «scheint seinen Laden ja ziemlich im Griff zu haben. Wissen wir eigentlich, wie groß die Agentur ist?» Alle schauten Fräulein Wichtig an, selbst die beiden Pfeifen, deren Namen sich niemand merken konnte, als ob die Sekretärin mehr wissen müsste, dabei hatte sie doch nur in aller Eile die E-Mail-Adresse von Huber rausgekriegt, sich dabei allerdings leise gewundert, wieso es eine Hotmail-Anschrift war, aber Fräulein Wichtig kannte die Grenzen ihres Handlungsspielraums zu genau, als dass sie da mit überflüssigen Fragen hätte auffallen wollen.

Statt einer Antwort verteilte sie die neuste Mail von Huber, Revision one Rebranding, Anpassung an den neuen Core Claim, stand wichtig drüber. Der Head las die Mail durch, gemeinsam mit seinen zwei Assistenten, den Pfeifen und der Sekretärin.

«Okay», sagte er dann munter, «erste Feedback-Runde. Wer möchte gerne, wer hat noch nicht?»

«Nun», sagte der erste Assistent, der sich gleich in die Poleposition begeben wollte, «im Ansatz nicht schlecht, ich frage mich allerdings, ob wir uns damit nicht zu stark vom Original-Wording entfernen.»

«Wir haben ja nun einen Satz», ergänzte der zweite Assistent, der die Richtung nicht schlecht fand, «ich meine, ‹Ihre Herausforderung ist unsere Leistung›, da geht doch einiges an Rhythmus verloren …»

«… die Hierarchie der Wertigkeiten ist nicht mehr so akzentuiert wie im Original», unterbrach ihn der erste Assistent, der ihm nicht allzu viel Spielraum lassen wollte, «und die Verdoppelung, ‹Challenging Challenges, Performing Performances›, nicht wahr, die ist auch weg.»

Der Head hörte sich das Gebrabbel ruhig an, höchste Zeit, hier mal einen Pflock einzuschlagen, dachte er dann: «Also ich finde es ziemlich gelungen», sagte er, «‹Challenging› und ‹Performing› kann man ja bekanntlich nicht wirklich direkt auf Deutsch übersetzen», ließ er dann sein halbes Jahr Sprachaufenthalt in Harvard durchblitzen, «da scheint mir eine personalisierte Übertragung durchaus ein gangbarer Weg zu sein.»

«In der Tat», legte sich der erste Assistent in die Kurve, «der Satz hat natürlich in seiner Gradlinigkeit durchaus Wucht, was ihm vielleicht an Rhythmus fehlt, ersetzt er durch Zugkraft, absolut.»

Der zweite Assistent kniff die Lippen zusammen, denn ihm fiel im Moment nicht wirklich was ein, außer dass der Claim sowohl auf

Englisch wie auf Deutsch reiner Schwachsinn war, und das wollte hier sicherlich niemand hören.

Um halb vier rief der Head die Kaffeepause aus, alle außer Fräulein Wichtig fummelten bedeutungsvoll an ihren Blackberrys rum, und der Head dachte, eigentlich sind wir für den Auftritt von CCO Meier bestens gerüstet. Aber statt Meier kam um 15.55 nur eine Message auf alle Blackberrys: «Projekt New Claim on hold, laufen weiter mit ‹EL & W, Tax und Audit›. Taskforce kostenneutral aufgelöst.»

Nicht, dass im Raum jemand davon wirklich erschüttert gewesen wäre, alle verließen mit leisem Schulterzucken den Meetingroom, Fräulein Wichtig sammelte die Papiere ein und räumte die Kaffeetassen weg, der Head kriegte noch einen kleinen Anschiss wegen der fabulösen Honorarnote von Huber, die sich doch immerhin auf zwölftausendfünfhundert ohne Mehrwertsteuer belief, aber EL & W hatte schon für größeren Schwachsinn Geld versenkt.

So blieb der Welt sowohl der neue englische wie auch der neue deutsche Claim erspart, Huber Werbung musste allerdings als Huber Communication! vier Monate später die Bücher deponieren, nachdem Huber ohne Folgeaufträge von EL & W die Miete für die neuen, repräsentativen Büroräumlichkeiten genauso wenig wie das Leasing für die USM-Möbel oder den Geschäftswagen zahlen konnte. Aber mit Kollateralschäden in der großen, weiten Welt der Claim-Agenturen muss natürlich gerechnet werden.

Dreiundachtzig

Eigentlich, dachte Äbersold, ist alles doch ganz einfach. Der ganze Finanzsektor ist für die Wirtschaft ungefähr so wichtig wie die Schokoladeindustrie, und genüsslich schob er sich eine Truffe du jour in den Mund. Und wenn in einem Land vierzig Prozent der gesamten Firmengewinne von ihm erzielt werden, wie das noch 2006 in den USA der Fall war, dann hat das Land ein größeres Problem. Glücklicherweise kann man Probleme, genauso wie Schokolade, exportieren, sonst wären die Verrückten dort auf ihrem ganzen Hypomüll sitzen geblieben, und die Amis hätten wieder massenweise mit Planwagen in die Prärie fahren dürfen, um sich neue Holzhütten zu schnitzen.

Einfach sagenhaft gut, dachte Äbersold und schob sich die nächsten hellen Truffes rein. Nehmen wir einmal an, es gäbe eine Schweizer Nationalschokoladeanstalt, die den Rohstoff praktisch gratis an Schokoladefabriken verteilt. Die würden dann die ganze Welt mit Osterhasen, Nikoläusen, Torten und Super-King-Size-Schokoladebadewannen überschwemmen und sich dabei dumm und dämlich verdienen.

Genau das Gleiche passiert, wenn die wichtigste Nationalbank der Welt den Rohstoff Geld fast umsonst auf den Markt wirft, statt Schokoladehasen werden dann halt CDO, ABS, MBS, und wie der Kram auch immer heißt, gebastelt, jeder einkommenslose Ex-Knacki, der selbst zum Davonlaufen zu dumm ist, wird zum Hausbesitzer gemacht, risikolos, denn die Hypothek hängt ja am Haus, nicht an ihm. Und wenn selbst die ausgegangen wären, dann hätte man sicherlich durchgesetzt, dass auch jeder Köter, vorausgesetzt, er hat eine Hundemarke, von wegen seriös abgeklärten Sicherheiten, seinen Pfotenabdruck auf eine Besitzurkunde setzen dürfte.

Und dann wurde dieser Schrott gut durchgemixt und in wenigen Jahren für immerhin zehn Billionen, Äbersold schluckte die Truffes beeindruckt runter, für zehntausend Milliarden Dollar in den Markt gedrückt, versehen mit so schönen Schleifchen wie strukturierte Finanzprodukte, durch Immobilien abgesicherte Schuldverschreibungen und was den Kommunikationsfritzen sonst noch alles einfiel. Und statt den Besitzern von Schokoladefabriken verdienten sich Banker krumm und schräg.

Wenn man nur konservativ geschätzt annimmt, dass sie sich zehn Prozent an Kommissionen, Fees, Kickbacks, und wie das alles heißt, abgriffen, kassierten sie eine hübsche, runde Billion Dollar in den letzten drei Jahren. Natürlich zusätzlich zum üppigen Gehalt, wohlgemerkt. Das war, führte Äbersold seinen Gedanken weiter, der größte, allergrößte Raubzug in der gesamten Geschichte der Menschheit, mit

Abstand, unerreicht, unvorstellbar. Ehrfürchtig griff Äbersold nach der nächsten Truffe.

Wenn man davon ausgeht, dass der damit angerichtete Totalschaden bei ungefähr fünftausend Milliarden liegt, von denen die Banken bislang erst weniger als die Hälfte abgeschrieben oder durch Kapitalerhöhungen ausgeglichen haben, dürfen sich alle Investoren, früher einfach Sparer genannt, darauf freuen, nochmals schwer gerupft zu werden, denn das ist der Unterschied zwischen Schokolade und Geld. Schokolade ist nach dem Konsum weg, verwandelt sich dann in Scheiße, und aus der konnte noch nie jemand Gold machen. Geld ist nach dem Konsum nicht weg, nur umverteilt, einer hat weniger, ein anderer hat mehr.

Äbersold tastete im netten Sprüngli-Beutelchen herum, stellte seufzend fest, dass es leer war, und griff zum Telefon: «Herr Haubensack, Äbersold hier, haben Sie inzwischen Zeit gefunden, meinen für Sie maßgeschneiderten Anlageplan zu studieren?»

Vierundachtzig

Kuster hasste eigentlich diesen Moment des Tages. Aber diese Tätigkeit konnte er keinesfalls einem seiner zwei Assistenten überlassen, ausgeschlossen. Obwohl, das musste er sich eingestehen, manchmal hatte er schon daran gedacht, Müller, der Pfeife, das Zusammenstellen seines täglichen Medikamentenmixes zu delegieren. Aber irgendwie war ihm das immer so vorgekommen, als würde er Müller in die Tiefen seiner Seele blicken lassen.

Also öffnete Kuster, wie jeden Abend, den Medikamentenschrank in seinem Loft, nahm sein silbernes Pillendöschen mit den vielen Fächern aus der Tasche seines Brionis und überblickte die Armee der kleinen Helfer, die dafür sorgten, dass er tagaus, tagein die Fassung bewahrte und so tun konnte, als ob er ein beliebig belastbarer, ausgeglichener, trinkfester und gegen Kundengezeter und Börsencrashs völlig resistenter Privatbanker sei.

Zunächst einmal, reine Routine, Cholesterin- und Blutdrucksenker, Betablocker natürlich sowieso, dann einen kleinen Notvorrat an Benzodiazepin, ein bisschen Codein, Ritalin hatte Kuster auch schon seit Längerem im Gebrauch. So, dann etwas zum Hochkommen, der übliche Mix aus Ephedrin, 2C-B und PCP. Dann die Abteilung Seelenschutz, Prozac hatte Kuster lange Zeit benützt, aber inzwischen fand er modernere Antidepressiva wie Hypericin besser, das wurde schließlich aus Johanniskraut gewonnen, also echt natürlich, genauso wie, zack ins Döschen, Endorphine, die ja eigentlich der Körper selbst produziert.

Damit hatte Kuster die Grundausstattung zusammen, nun noch die Abteilung schwere Artillerie, wie er das nannte, eine Keule, die sofort alle Angstzustände verschwinden ließ, die Kuster trotz jahrelanger Routine immer noch vor Meetings überfielen, dann ein Booster, wenn er abends noch schnell vom Chef zu einem urgent meeting zitiert wurde oder einer seiner Kunden nachts um drei anrief, um ihn zu einer Party zu befehlen oder zu verlangen, dass ihm Kuster pronto, also sofort, einen Dom Pérignon besorge, aber nur in der Lagerfeld-Flasche.

Langsam füllten sich die Fächer in seinem Pillendöschen, aus dem er den ganzen Tag genascht hatte, wieder an, irgendwas vergessen? Kuster musterte noch mal den Inhalt seiner Hausapotheke, für die er eigentlich einen Waffenschein bräuchte, aber wie jeder Privatbanker hatte er einen Arzt zur Hand, der gegen einen todsicheren Tipp oder notfalls etwas Bares jedes Rezept ausstellte, das Kuster von ihm verlangte, Beratung natürlich inklusive.

Ach, natürlich, wie konnte er das fast vergessen? Zwei Viagra gehörten auch rein, aber nein, da lagen ja immer noch zwei dieser Schlingel. Normalerweise hatte Kuster damit ja keine Probleme, aber seit er vor einem Jahr mal jämmerlich versagt hatte, als eine mit unzähligen Klunkern im zerfalteten Dekolleté behängte alte Schraube zuerst die Transaktion von sagenhaften siebenundachtzig Tonnen in Aussicht gestellt hatte, dann als Beweis seiner Servicefreundlichkeit sein, wie sie sich auszudrücken beliebte, Schweizer Matterhorn hatte sehen und spüren wollen und dann nach einem routinierten Kontrollgriff nur sagte: «Oh, Nullwachstum», und abgerauscht war, war er fest entschlossen, es daran beim Wiederholungsfall nicht scheitern zu lassen.

Außerdem war sich Kuster fast sicher, dass sich Wladimir von der Platinblonden, die er am Ende eines feuchtfröhlichen Abends Kuster schenkte, anschließend berichten ließ, wie sich der Schweizer Banker so geschlagen habe, das war für Wladimir irgendwie mindestens so wichtig wie die Erektionskurven, die seine Anlagen auf die Charts zeichnen mussten.

Kuster kreiste nochmals mit dem Finger über sein inzwischen wohlgefülltes Döschen, alle Fächer waren belegt, Kompanie vollzählig angetreten, rühren, sagte er wie jeden Abend, das hatte er aus der Zeit behalten, als es noch wichtig war, in der Armee Karriere zu machen, und klappte die Pillendose zu.

Und all das, lächelte Kuster matt, um den Anschein zu erwecken, ich sei ein kerngesunder, halt typisch Schweizer Banker, stabil wie das Matterhorn, zuverlässig und genau wie eine Rolex, seriös wie ein Steuerkommissär und kompetent wie ein ETH-Professor. Wie der äußere Eindruck manchmal täuschen kann, dachte Kuster, denn ganz selten war er sogar zu bemerkenswerter Selbstironie fähig.

Fünfundachtzig

Missmutig studierte Hugentobler Ferienprospekte, die ihm sein Sekretariat zusammengestellt hatte. Ein DDR-Bürger vor dem Fall der Mauer fühlte sich auch nicht viel besser, seufzte er. Die USA fielen als Reiseziel für einen Schweizer Banker ja mal weg, zu groß war das Risiko, dass er am Flughafen gleich in den Knast gesteckt wurde und dann noch ein paar Monate als, wie hieß das schon wieder, genau, material witness nicht mehr aus Amiland rauskam.

Karibik fiel eigentlich auch flach, denn die meisten anständigen Airlines flogen ja über Miami, und die Amis kennen den Begriff Transitpassagier auch schon lange nicht mehr. Oder dann nach Mexico City ausweichen und nochmals drei Stunden zurückfliegen, das machte ja auch nicht wirklich Spaß. Caracas wäre ja eine Alternative, grinste Hugentobler kurz, aber wenn es diesem Irren Chávez gerade einfällt, nach der Holcim auch noch ein paar Schweizer Bankfilialen zu verstaatlichen, da käme ihm ein Hugentobler vielleicht gerade recht.

Aber das war ja noch längst nicht alles. Deutschland war inzwischen auch ein ziemlich heißes Pflaster für Schweizer Banker, und dank der EU konnte das auch Ärger bedeuten, wenn man in Paris, Madrid oder Rom aus dem Flieger steigt, um sich etwas wohlverdiente Entspannung zu gönnen.

Hugentobler schüttelte den Kopf, was waren das nur für Zeiten. Nun gut, London war noch möglich, die machten ja eigentlich auch alles, was eine nette Schweizer Steuerhinterziehungsbank macht, aber dieses Wetter, diese langweiligen Hochmoore, dieses ewige Kampfsaufen und die stundenlangen Gespräche über Single Malts, dabei schmeckten die doch alle mehr oder weniger stark nach Torf, auf das jahrhundertelang Schafe gekackt hatten.

Lateinamerika kann man eigentlich auch abhaken, führte Hugentobler seine Weltreise weiter, Brasilien, Chile, da kriegte man als Schweizer Banker auch ziemlich schnell Ärger, Argentinien war ein Schrotthaufen, und die ganzen linken Caudillos in den anderen Ländern, ja pfui Teufel.

Afrika steht ja von den arabischen Irren im Norden über die Desasterstaaten in der Mitte bis zu den oberkriminellen Südafrikanern auch nicht zur Debatte, vielleicht abgesehen von Dubai, aber das kannte Hugentobler wirklich auswendig, und diese Bauerei, die verdarb einem ja auch jeden Spaß. Asien, nun ja, aber da weiß man ja auch nie, Singapur ist ganz okay, aber schon x-mal besucht, und in den übrigen Staaten, wenn da nicht gerade mal ein Tsunami vorbeischaut, dann gibt's plötzlich und aus heiterem Himmel Radau wie in Thailand, und dann steht man am geschlossenen Flughafen blöd rum und kann nicht mal einen Privatjet mieten.

Indien vielleicht, dachte Hugentobler, Indien könnte was sein, aber mir hängt das ewige Curry nach kurzer Zeit zum Hals raus, und auch da kann es ja vorkommen, dass Hindus und Moslems oder andere Irre plötzlich beschließen, sich massenhaft an die Gurgel zu gehen. Da soll noch einer sagen, die Welt sei kleiner geworden und globalisiert, schwieriger ist sie geworden, das ist alles. Oder Russland? Hugentobler schüttelte es, wenn er an seine russischen Kunden dachte, nein, freiwillig nie. Australien, Neuseeland, Pazifik? Da ist man ja fast einen ganzen Tag im Flieger, die innere Uhr dreht noch Tage nach der Landung in die andere Richtung, also Ferien sollten ja doch auch Erholung sein.

Okay, dachte Hugentobler, die Entscheidung ist gefallen. Er drückte auf die Durchwahl für den Travel Service, Kaderstufe eins und höher, und sagte: «Stellen Sie mir mal fünf Angebote der fünf besten Schweizer Hotels zusammen, Wallis, Tessin, Genfersee, nicht in einer Großstadt, natürlich mit Wellness, Spa, Golfplatz, eine Suite selbstverständlich, KW 37 und 38. Wie bitte? Sie müssen mich auf die Warteliste setzen? Siebzehn solche Anfragen sind noch pendent? Ja Heilandsack, kann man denn nicht mal problemlos in der Schweiz Ferien machen?»

Sechsundachtzig

Äbersold wusste, dass er seinen Konsum von Truffes du jour wieder auf ein seinem Bauchumfang zuträglicheres Niveau herunterschrauben musste. Aber dieses Tütchen gönne ich mir noch, dachte er, denn er war mit seinem Gedankengang über die Verwandtschaft zwischen Banken und Schokoladefabrikanten noch nicht ganz fertig.

Also schob er sich eine weitere Kugel von den hellen in den Mund und lehnte sich bequem zurück. Schokolade ist ja schon eine ganze Weile erfunden, dachte er dann, genauso wie Bankgeschäfte. Jemand hat Geld, jemand braucht Geld, und dazwischen schiebt sich die Bank und versucht herauszukriegen, wie hoch die Wahrscheinlichkeit ist, dass das Geld wieder zurückkommt. Der Vergleich zu anderen Investitionsmöglichkeiten ergibt dann den jeweiligen Zins, den der Geldverleiher für seine Kohle kriegt, und den Basiszins bestimmt sowieso die diensttuende Nationalbank, die ja als Einzige Geld drucken darf.

So, grinste Äbersold, und dann haben wir Banken einfach ein paar Geschäftsmodelle von Schokoladeherstellern abgekupfert. Die Hundert-Gramm-Tafel Schokolade von Stützli kostet, sagen wir mal, zwei Franken. Die gleiche Schokolade in Kugelform kostet aber schon zwei Franken achtzig pro hundert Gramm. Damit das der Kunde nicht sofort merkt, gibt's die dann halt in der 335-Gramm-Packung für neun Franken vierzig – da ist ja auch viel mehr drin. Dann gibt es die edel verpackte Tafelschokolade mit Schleifchen und anderem Gewicht, aber für drei Franken fünfzehn pro hundert Gramm. Und als Angebot in der Oberliga haben wir noch die handverlesenen und einzeln verpackten Kügelchen in der 225-Gramm-Edeltüte für elf fünfzig, damit niemand merkt, dass nun hundert Gramm sogar fünf Franken zehn kosten.

Und genau das Gleiche machen wir auch mit unseren modernen Finanzinstrumenten, Hedgefonds, Fonds of Fonds, Future Option Swaps, CDO, ABS und wie das Zeugs alles heißt. Das gleiche Bankgeschäft, einfach der gleiche Kram x-mal umverpackt, bis niemand mehr versteht, was er da eigentlich kauft, und vor allem nicht kapiert, dass er für die gleiche Schokolade doppelt so viel zahlt. Na ja, da muss man gerecht sein, dachte Äbersold dann und zerbiss die nächste Kugel, am Schluss ist bei den Schokoladeherstellern immerhin Schokolade drin, bei uns nur heiße Luft, gerne auch unvorhersehbare Marktentwicklung genannt.

Blöd ist nur, dass Schokoladehersteller wenigstens wissen, wie man Schokolade herstellt. Als wir anfingen, von Allfinanzbanken zu träumen, also auf den von uns unter den Nagel gerissenen Aktienhandel, die Anlage- und Erbschaftsberatung auch noch Versicherungen draufklebten und die als Finanzdienstleistung verkaufen wollten und umgekehrt, da kam dann endgültig, trotz Heerscharen von Investitionsmodellschnitzern, Supercomputern und Analysten, Spezialisten, Black Belts und MBAs, schlichtweg kein Schwein mehr draus.

Eigentlich sollte das ja nur der Gewinnmaximierung und der Verwirrung der Kunden dienen. Aber dann ging alles in die Hose, alle waren verwirrt, nicht nur die Kunden, wir auch, die Gewinne gingen in den Keller, ein paar Oberpfeifen mussten von ihren Schreibtischen weggezerrt werden, obwohl sie gerne Teil der Lösung des Problems gewesen wären, das sie selber in die Welt gesetzt hatten, und Papa Staat zahlt die Zeche, dem man vorher noch arrogant zugerufen hatte, er solle sich gefälligst nicht in unsere Geschäfte einmischen und nicht den dank uns erfolgten ungeheuerlichen Wirtschaftsaufschwung stören.

Also eigentlich zahlt der Steuerzahler die Zeche, murmelte Äbersold, also ich auch, und diesen meinen Beitrag zum Wegräumen des ganzen Mists, den wir Banker angerichtet haben, sollte man auch mal genügend würdigen. Denn der ist ja gigantisch, alleine für meinen Bonus im letzten Jahr muss ich mehr als zweihundertfünzigtausend Eier abdrücken, mehr als fünfzig durchschnittliche Steuerzahler zusammen. Und da soll noch einer sagen, wir Banker leisteten nicht unseren Beitrag für die Allgemeinheit. Und vergnügt futterte Äbersold das ganze Tütchen Truffes leer.

Siebenundachtzig

«Ich hätte da mal eine Frage, Herr Kuster», sagte Steinfeld, bis zum letzten Taucher der EBS noch siebenunddreißig Tonnen schwer, seit zwei Tagen nur noch dreiunddreißig. Nichts Böses ahnend machte Kuster eine zustimmende Handbewegung und sagte: «Darf ich Ihnen noch ein stilles Wasser bringen lassen?» Das gehörte schließlich zum Service in den mittelvornehmen Besprechungszimmern seiner Privatbank, zwar keine Stilmöbel, aber immerhin auch kein sinnlos rumstehender TV-Apparat auf einem ausgeleierten Rolltischchen.

«Nun, Sie sagen doch, einen Teil meiner Vermögensverwaltungsgebühr bezahle ich für die Analystenteams, die Tag und Nacht und vorausschauend die Börsenentwicklung analysieren, durch Supercomputer mit Superprogrammen jagen und zu fast unfehlbaren Schlüssen kommen, richtig?»

Kuster war sich plötzlich nicht mehr so sicher, ob das Gespräch in die richtige Richtung lief, aber mehr tun als einen Schluck von seinem stillen Wasser nehmen, konnte er im Moment auch nicht, außer: «Genau, Herr Steinfeld, das ist eben der Vorteil einer Privatbank, die auf das Backoffice eines Global Players zurückgreifen kann, allerdings.»

«Schön», sagte Steinfeld, «das ist wirklich großartig. Dann können Sie mir sicher erklären, wieso diese versammelten Nichtskönner, diese gehirnamputierten Kaffeesatzleser nicht mal in der Lage waren, den Zusammenbruch von Lehman, den Zusammenbruch von Merrill Lynch und den Fastbankrott von AIG auch nur um vierundzwanzig Stunden vorauszusehen, ganz zu schweigen von den Auswirkungen, die das auf den Aktienkurs einer schon vorher in Grund und Boden gewirtschafteten EBS haben würde. Sie können mir sicher auch erklären, wieso nur Ihr Analystenpack vor wenigen Wochen behauptete, dass die Aktie der EBS deutlich unterbewertet sei und man – lassen wir das ganze Juristengeschwafel beiseite – davon ausgehen könne, dass ein Kauf durchaus Sinn mache, da der Börsenkurs keineswegs den inneren Wert der Aktie, von zukünftigen Steigerungen ganz abgesehen, widerspiegle.»

«Ähem», sagte Kuster, «ich verstehe natürlich Ihren Ärger, aber …»

«Nein, Herr Kuster», unterbrach ihn Steinfeld immer noch schneidend leise, «den verstehen Sie nicht, denn Sie haben ja auf Anraten dieser Volltrottel nicht innert achtundvierzig Stunden vier Tonnen in den Sand gesetzt, Sie haben, mitsamt Ihrem Backoffice, im Gegenteil an diesen Transaktionen eine nette Fee verdient, Sie persönlich haben damit Ihren Bonus erhöht, und wenn Sie nicht so dumm wie Ihre Schimpansen sind, denen man eine Krawatte umgebunden und sie vor Computerbildschirme gesetzt hat, haben Sie vielleicht sogar ein nettes Zubrot durch Leerverkäufe verdient.»

«Das muss ich aufs Entschiedenste zurückweisen», empörte sich Kuster künstlich, «uns Privatbankern ist der Handel mit Aktien, die sich im Portefeuille unserer Kunden befinden, strikt …»

«Verwechseln Sie mich doch nicht mit einem der aufgeblasenen

Luftnummern, die sich Analysten nennen, weil sie beim Computer den Ein-Schalter bedienen können», unterbrach ihn Steinfeld und steigerte langsam die Lautstärke, «entweder Sie machen das über einen Strohmann, oder Sie sind selbst ja noch vertrottelter, als ich dachte.»

«Ich kann Ihnen nur empfehlen», überhörte Kuster krampfhaft die Beleidigungen, «jetzt die Nerven zu bewahren und zu halten, das wird sich mittelfristig ...»

«Ich und viele Kleinaktionäre mit mir verlieren nicht die Nerven», brüllte Steinfeld, «die Kursmassaker werden doch von institutionellen Anlegern veranstaltet, deren Analysten nichts anderes als Verkaufsorders in den Ring schmeißen, weil ihr Kurzzeitgedächtnis keine achtundvierzig Stunden zurückreicht, und wieso beherzigen die dann eigentlich nicht Ihren guten Ratschlag, jetzt zu halten? Können Sie mir das vielleicht erklären, Herr Kuster?»

Kuster biss sich auf die Lippen, aber immerhin wusste er, wann er geschlagen war.

«Nun, Herr Steinfeld», sagte er matt, «mal ganz unter uns, das verstehe ich auch nicht, und wirklich im Vertrauen, von mir aus könnte man das Analystenpack auch zum Teufel jagen.» Da konnte sich Steinfeld ein anerkennendes Heben der Augenbraue nicht verkneifen, und für einen kurzen, seltenen und wertvollen Moment beherrschte tiefes Einverständnis den Raum.

Achtundachtzig

Es sah sehr nach einem weiteren, ganz normalen Tag im Leben eines schwer arbeitenden Privatbankers aus. Kuster hatte auf seinem Blackberry kurz den Terminkalender abgefragt, während ihn das Taxi an den Hauptsitz an der Bahnhofstraße kutschierte, denn er war immer noch nicht zu einer Entscheidung gekommen, ob er sich endlich den Porsche leisten sollte oder ob das ein falsches Signal wäre.

Er hatte mit seinem Personal Trainer bereits die übliche Runde im verkehrsberuhigten Quartier an der Goldküste gedreht, dann hatte der Masseur eine leichte Verspannung im Nackenbereich gelöst, Kuster hatte den frisch gereinigten Brioni aus dem Schrank gezogen, ein dezentes Van-Laack-Hemd vom Bügel genommen, dazu einen unauffälligen Gürtel von Bally, schwarze Seidensocken, die Holzspanner aus den rahmengenähten Schuhen entfernt, die silbernen Manschettenknöpfe gewählt, dann die neue YSL-Krawatte, hellblau, aber nicht schwul-hellblau, sondern seriös-hellblau. Noch das Pillendöschen, und seine Grundausstattung war komplett.

Damit blieb an eigentlich wichtigen Entscheidungen heute nur noch die Frage, ob er Bodmer bloß in die «Juwelenhalle» oder doch zu «Petermann's» einladen sollte, da standen immerhin rund zwanzig Tonnen Neuanlage im Raum. Eigentlich keine Frage, dachte Kuster und schickte seinem Assistenten Müller eine Mail: «Heute, Punkt zwölf, ‹Petermann's›, der übliche Tisch, soll schon mal einen Cheval Blanc dekantieren, Limousine für Bodmer vom ‹Widder› zu ‹Petermann's› organisieren, soll dort dann warten. Vollzug melden. Danke.»

Als Kuster aus dem Taxi stieg, wunderte er sich langsam, wieso er keine Vollzugsmeldung erhalten hatte, da kann sich Müller aber auf eine Abreibung gefasst machen, dachte er grimmig. Da piepste sein Blackberry: «Urgent meeting, Room 2.47, asap», mailte ihm da Müller. So ein Frechdachs, seit wann kann der dringende Sitzungen einberufen? Das wird ja immer schöner.

Ziemlich geladen riss Kuster die Tür zum Sitzungszimmer auf. Hoppla, dachte er, da saßen ja schon Äbersold, Hugentobler und sogar zwei Mitglieder der Geschäftsleitung am Tisch. Sie wirkten allerdings überhaupt nicht dynamisch oder fröhlich.

«Was ist denn hier los?», wollte Kuster die Stimmung etwas aufhellen. «Ist der Hypomarkt endgültig zusammengekracht?»

Keiner der Herren sagte was, aber hinter Kuster wurde die Tür ins Schloss geworfen, und Müller bellte in seinen Rücken: «Schnauze halten, du Arschloch, jetzt wird abgerechnet.»

Kuster war völlig fassungslos, jetzt muss ich mir schon wieder einen neuen Assistenten suchen, dachte er, Müller ist völlig weggedrcht. Kuster drehte sich um und wurde kreidebleich, was gar nicht gut zum

Brioni, zum dezenten Hemd und auch nicht zur hellblauen YSL-Krawatte passte. Denn Müller betrachtete ihn mit diesem Blick, den Kuster aus Kubricks «Full Metal Jacket» kannte, als der dicke Rekrut in der Latrine mit seiner Knarre auf den Instruktor zielte. Kuster schluckte leer, als er in der Hand von Müller eine Armeeordonanzpistole entdeckte, die auf seinen Bauch gerichtet war, genau auf der Höhe seines dezenten Bally-Gürtels.

«Aber Müller, machen Sie doch keinen Scheiß, wir können doch …»

«Ich kann, Sie nicht, Sie aufgeblasene Schabe, Sie Schinder, Sie arroganter Blähsack, Sie Stück Dreck», unterbrach ihn Müller, und Kuster entging es nicht, dass dabei ein paar Speichelfetzen von Müllers Mund flogen, «diese Herren dort werden jetzt Zeugen, dass ich die Menschheit von einem völlig überflüssigen Parasiten befreie, einem Nichts, einem Schädling, einer Schande.»

«Müller, lassen Sie …» Der Rest des Satzes ging im Krachen der Pistole unter, und Kuster spürte, wie ihn ein schwerer Eisenhammer in den Bauch traf, dann lief etwas Warmes seine Beine hinunter, und dann kam der Schmerz wie eine schwarze Woge, als ihn schon der nächste Schuss in die Schulter traf, und während er umknickte, meinte Kuster noch zu sehen, wie der dritte Schuss in seinen Mund Zahnsplitter durch den Raum schleuderte.

In diesem Moment wachte Kuster in seinem schweißdurchtränkten Seidenpyjama in der nicht mehr leise raschelnden, sondern unangenehm quietschenden Satinbettwäsche in seinem Loft auf. Und er roch, dass er nicht nur in einer Schweißpfütze lag.

Nachwort

Der größte Bankraub aller Zeiten

Ich kann mich noch gut an die Zeiten erinnern, als in den Banken die Gangster VOR dem Schalter standen.

Als Nachwort eine Bilanz, an deren Richtigkeit sich auch in Zukunft nichts ändern wird, obwohl – falsche Prognosen über zukünftige Entwicklungen abzugeben, ist ja eigentlich eine der Lieblingsbeschäftigungen der Banker. Aber sei's drum, ich bin keiner.

Ich gebe zu: Als ich diese Storys schrieb, wusste ich nicht, dass alles noch viel schlimmer ist. Aber am allerschlimmsten ist: Wenn sich die Weltwirtschaft vom größten Bankraub aller Zeiten erholen wird, werden die Banker genau so weitermachen, wie hier beschrieben.

Alle Storys sind aus dem wahren Leben der Finanzdienstleister gegriffen. Ich gebe auch zu, dass meine eigene Fantasie nicht ausgereicht hätte, um das zu erfinden. Natürlich wurden einige Namen und Örtlichkeiten verfremdet, um die nackte Wahrheit nicht durch dorniges juristisches Gestrüpp zu jagen.

Endlos ist das aktuelle Geschwätz über Reformen des Finanzsektors, neue Gesetze, Behörden, Regeln, Sicherheiten. Warum brauchen wir das alles? Brauchen wir es überhaupt?

Wir brauchen gar nichts Neues. Nur den klaren Blick. Wie konnte es denn so weit kommen, dass ein paar Finanzakrobaten in den USA und ihre notorischen Mitläufer in Europa weit über 1000 Milliarden Dollar, vermutlich eher 2000, verrösten konnten, ohne auch nur den kleinsten Rauch aufsteigen zu lassen? Interessanterweise darum, weil nichts verbrannt wurde. Es wurde nur abgezogen. Jahrelang, massiv und am helllichten Tag. Denn man muss sich immer vor Augen halten: Geld verschwindet nicht, wird auch nicht vernichtet (außer durch eine galoppierende Inflation), sondern umverteilt. Hat einer weniger, hat ein anderer mehr; so einfach ist das mit dem Geld.

Das Ganze ist ein gigantischer, unverschämter, aber wohlorchestrierter Raub von ein paar Bankern am Vermögen von Millionen von Sparern und zukünftigen sowie aktiven Pensionären. Die Werkzeuge waren nicht Dietrich oder Schweißbrenner, sondern «Finanzinstrumente», «Derivate», «Hedgefonds», «Financial Engineering», CDO, RLN, Alt-A, «Private Banking», «persönliche Vermögensberatung», um nur einige Stichworte zu nennen. Produkte, die so gestaltet waren, dass weder der Erfinder noch der Verkäufer und erst recht nicht der Käufer den blassesten Schimmer hatten, worum es ging und geht.

Was steckt denn Neues, Innovatives hinter all diesen Derivaten, Abkürzungen und dem Fachchinesisch? Die Antwort ist einfach: gar nichts! Und schon gar nichts Neues. Am Anfang steht ein ebenso mittel- wie arbeitsloser Ami im Mittleren Westen der USA, und der möchte auch einmal auf großem Fuß leben. Zahllose Banken und Finanzinstitutionen ringen darum, ihm diesen Traum zu erfüllen. Bedingung: Er muss ein Haus auf sich eintragen lassen und den Kaufpreis von einer dieser «Banken», nennen wir sie Pleitebank, bezahlen lassen. Und versprechen, dass er dann irgendeines Tages mal einen Zins und das Darlehen zurückbezahlt, was kein Problem darstellen werden, als das Haus dannzumal ja das Doppelte wert sein werde und er dies aus dem Mehrwert bewerkstelligen könne und das Haus dann ihm alleine gehöre. Ein großartiges Versprechen, da kann eigentlich nichts schiefgehen.

Nun muss die Bank, die solch tolle Versprechungen macht, das entsprechende Geld von irgendwoher bekommen, im Banker-Talk: sich refinanzieren. Und da sie dies, basierend auf derartig windigen Darlehensnehmern, nicht bekommen kann, muss sie das Ganze «umpacken» respektive von Umpackspezialisten umpacken lassen.

Sie hat aber noch einen anderen Grund, zu einer neuen Verpackung des unappetitlichen Happens zu schreiten: die Boni ihrer Manager. Doch davon später. Diese Darlehen sind in ihrer neuen Verpackung nicht mehr als faule Kredite erkennbar und können im Gegenteil als «Finanz-Hightechprodukte» den gierigen Abnehmern angedreht werden; je fauler, desto mehr Hightech. Dass die hochdotierten Spezialisten der Rating-Agenturen dazu nicht nur ihren Segen gaben, sondern sogar Höchstnoten verteilten, gibt einen ersten Hinweis darauf, dass es hier um mehr geht als Dummheit oder Gerissenheit. Am Schluss hat man die seit Tausenden von Jahren einfachste Transaktion – Kreditgewährung gegen Zinsen und die durch Sicherheiten gewährleistete Rückzahlung des Kredites – in einen komplexen, völlig undurchsichtigen Taschenspielertrick umgewandelt und als Resultat des neuen «Financial Engineering» verkauft, und das im Betrag von Tausenden von Milliarden von Dollars.

Interessanterweise funktionierte dieses Mal der übelste aller üblen Tricks: der mit den Immobilien. Diese Lüge hatte bisher immer kurze Beine, einfach deshalb, weil sich ja wirklich jeder Finanzlaie in etwa ein Bild davon machen kann, was eine Holzhütte wert ist und was definitiv nicht. Wie ist es dann möglich, dass Millionen von einfachen Sparern, aber auch hochdotierte Bankdirektoren, Pensionskassenverwalter oder andere institutionelle Anleger einmal mehr auf den primitiven Trick hereinfallen?

Die Erklärung ist vielleicht verblüffend, aber einfach: Sie wurden dazu gezwungen. Wer in den letzten zehn Jahren sein sauer verdientes Geld als Sicherheit für das Alter, die Ausbildung der Kinder oder einen späteren Hauskauf auf die Seite legte, verlor jeden Tag Geld, und je mehr er sparte, desto mehr verlor er. Die Zinsen kompensierten bestenfalls die Teuerung, sie lagen aber regelmäßig darunter, besonders, wenn man den Warenkorb mit mehr füllte als nur mit Eiern, Bratwurst und Makkaroni. Sie lagen auf jeden Fall immer darunter, nachdem der Fiskus seinen Anteil an den Zinsen und dem Kapital abgeholt hatte. Wer sein Geld einigermaßen vor diesem Wertzerfall schützen wollte, wurde von seiner beratenden Bank höflich, aber bestimmt in den Finanzmarkt mit all seinen attraktiven Anlagemöglichkeiten gelenkt.

Der Treibstoff für diese Massenbewegung war der tiefe Zins, der sowohl in der Dollar- wie der Eurozone (und nicht zuletzt in der Schweiz) während über eines Jahrzehnts gepriesen und angewendet wurde. Ohne diese Almosen an Zins hätte die Pleitebank ihrem

Gringo das Darlehen auf seine Holzbude nicht jahrelang zinsfrei stehen lassen können, sie hätte auch gar kein De-facto-Gratisgeld bekommen; die Pensionskasse in 10 000 km Entfernung hätte keinen Hedgefonds gezeichnet, sondern ihr Geld in die klassischen Instrumente wie Obligationen und ein paar Aktien investiert. Der gigantische Kuchen wäre in sich zusammengefallen, bevor auch nur die ersten Anzeichen von souffléartigem Aufgehen zu erkennen gewesen wären.

Nun ist es aber nicht so, dass es der Pleitebank – oder nennen wir sie zeitgemäßer Investmentbank – je um Finanzierung von Häusern gegangen wäre oder um Investment, wie man aus dem Namen schließen könnte. Und schon gar nicht um diejenige von mittellosen Gringos. Ihr Geschäft war das Umpacken. Das Haus des Gringos diente lediglich als Alibi; es hätte auch eine Hundehütte sein können. Bei diesem Geschäft flossen die Kommissionen und daraus die Boni. Aus dem oberlangweiligen Gewähren von Hypothekarkrediten war plötzlich eine hochrentable Angelegenheit geworden. Weil niemand sah, dass die Investmentbank offiziell hundert einpackte, der Käufer des Paketes dafür einhundertzehn bezahlte und nicht merkte, dass nur neunzig drin waren. Und das läppert sich zusammen: Umpacker Goldman Sachs konnte alleine im Jahr 2007 seinen Kadern 22 Milliarden Dollar Boni ausbezahlen für ihre Bemühungen in Sachen Umpacken, die UBS immerhin noch 10 Milliarden. Alle Umpacker in den USA zusammen dürften in den letzten fünf Jahren sicherlich die Summe von 1000 Milliarden für ihre klammen Aktivitäten abgezweigt haben. Ohne umpacken wäre allenfalls ein Zehntel davon angefallen. Dazu haben die «Finanzingenieure» bei ihren kriminellen Machenschaften einen Kollateralschaden verursacht, der ein Mehrfaches dieses Betrags ausmacht.

Nun sind wir auch schon beim anzunehmenden «Schaden» angekommen. Wohl mehr als 5000 Milliarden Dollar; genau weiß man es nicht, man wird es nie wissen. Um es deutlich zu sagen: Der Minderwert des Hauses des Gringos stellt nicht den großen Schaden dar. Es war einfach überbewertet, aber immerhin ist es noch da; den kleinen

Schaden hat der Gringo. Er war pleite, jetzt ist er noch etwas mehr pleite, dafür nüchterner. Der große Schaden besteht in der gigantischen Vermögensverschiebung: von den Sparern zu den Managern der Finanzinstitute. Der Witz dabei: Die Gangster haben das Ganze völlig risikolos und ohne Angst vor Strafe durchgezogen, und die ganze Welt schaute zu und feierte die Stars einer neuen Ökonomie.

Nun wurde ja Herr Alan Greenspan, vom 11. August 1987 bis zum 31. Januar 2006 Vorsitzender der US-Notenbank Federal Reserve System, der wichtigsten Zentralbank der Welt, mehr als einmal und von mehr als einer Seite als wohl historisch intelligente Fachkraft gepriesen. Und es ist sicher so, dass er etwelche Mängel hat, sicher aber nicht den der unterdotierten Intelligenz. Seine berühmte Ausrede, eine Blase könne man erst erkennen, wenn sie platzt, ist genauso lahm wie seine jüngsten gewundenen Entschuldigungen. Wenn man nicht annehmen will, dass man sich im meistgefeierten Chef des FED während zweier Jahrzehnte geirrt und dass in Tat und Wahrheit ein Obertrottel die Fäden der Weltwirtschaft gezogen hatte, dann muss es eine andere Erklärung für ein derartiges Verhalten geben.

Die einzige stichhaltige Erklärung ist, dass es sich um einen gewaltigen Diebstahl handelte, bei dem Alan wenn nicht die Strippen zog, so doch Schmiere stand. Es ist schlicht nicht erklärbar, dass man zehn Jahre lang in aller Offenheit ein Schmierenstück durchzieht, dieses mit sibyllinischen Tönen begleitet, zuschaut, wie die Milliarden im Multipack die Seiten wechseln, die ganze Finanzwirtschaft gegen die Mauer fährt und dies mit dem Wohl der Wirtschaft zugunsten aller rechtfertigt. Es ist offensichtlich, dass es sich hier um ein gigantisches Komplott handelt, bei dem einige wenige ihre Macht über öffentliche Institutionen und das Volksvermögen in ungeheurer Art missbraucht haben, genauso wie Bankpräsidenten ihre Macht in den von ihnen geleiteten Banken schamlos ausgenützt haben. Mit anderen Worten: Leute, die selbst weder investiert hatten in die Banken, die sie lenkten, noch irgendein Risiko an deren Schäden trugen, haben diese maßlos ausgelumpt und das Geld in ihre Taschen gesteckt – der größte Bankraub der Weltgeschichte, der nie hätte stattfinden können, wenn der Oberaufpasser Greenspan den Leitzins dahin gebracht hätte, wohin er gehörte.

Der jahrelange Raub wurde hinter einer dichten Wand von Blabla wie Vorteile, Wichtigkeit, Notwendigkeit tiefer Zinsen für die Weltwirtschaft vernebelt. Kein einziges Mal wurde der Sparer, notabene derjenige, welcher den ganzen Schlamassel und Raub finanziert, gefragt, ob er einverstanden ist mit dem Zins, den er erhält. Und die Behauptungen der Gurus wurden derart oft hinausposaunt, dass sie heute zur Standardausrüstung in Sachen Wirtschaft nicht nur eines Ökonomen, nein, sogar jeder Putzfrau gehören. Und weil sie nicht stimmen, aber unverzichtbarer Rohstoff des großen Raubes sind, werden sie ununterbrochen wiederholt. Was aber nicht gesagt wird, ist, dass tiefe Zinsen wichtig sind für die Börse, nicht aber für die Wirtschaft.

Die Wirtschaft kann gut leben mit den doppelten, ja dreifachen Zinsen von heute. Und sie hat es während Jahrzehnten getan. Anfang der Achtzigerjahre stand der Leitzins des FED bei knapp zwanzig Prozent, der Realzins bei zehn Prozent. Zwar herrschte eine milde Rezession, aber untergegangen ist die Wirtschaft nicht dabei; sie kam im Gegenteil gestärkt aus jener Periode heraus. In Brasilien werden seit Jahren zehn Prozent Realzins bezahlt und zwanzig Prozent verlangt. Die Wirtschaft wächst.

Wer schon an Investitionsentscheidungen der Industrie beteiligt war oder selbst solche fällte, weiß, dass der Zins nur einer von vielen Entscheidungsfaktoren ist und in den meisten Fällen einer der unwichtigeren. In einer Payback-Rechnung, wo die übliche Zahl von fünf Jahren nicht überschritten werden soll, ist es praktisch unbedeutend, ob ein Zins von vier oder acht Prozent angesetzt wird. Es soll hier keinesfalls hohen Zinsen das Wort geredet werden, aber es wird mit aller Klarheit verlangt, dass die jahrtausendealte Regel wieder einmal angewandt wird, nämlich dass der Gläubiger ein anständiges Entgelt bekommt für seine Investition und dass der Schuldner ein anständiges Entgelt bezahlt.

Gegen dieses Grundgesetz jeglichen Wirtschaftens wurde über zehn Jahre lang in krimineller Absicht verstoßen. Und dies mit dem einzigen Zweck, die größte Vermögensumschichtung, den größten Raub der Weltgeschichte durchzuziehen. Es war ein Komplott von ein paar zufällig an den Schalthebeln Sitzenden, die sich maßlos bereicherten, gegen den Rest der Menschheit – wo jeder sein Scherflein beigetragen hat und noch beitragen wird zu diesem neuen Reichtum der wenigen Räuber, sei es als Sparer, Steuerzahler, Aktionär oder als Gringo.

Wenn man die allein im Hypothekarsektor angefallenen Kommissionen, Fees, Spesen, Kickbacks und Boni auf konservativ geschätzte zehn Prozent der in den letzten drei Jahren im «Financial Engineering» umgesetzten 10 Billionen Dollar (wohlgemerkt: 10 000 Milliarden) ansetzt, dann handelt es sich nur hier schon um einen Diebstahl von 1000 Milliarden Dollar. Das gibt dem Wort Banküberfall eine ganz neue Bedeutung, dagegen verblassen die gesammelten Raubzüge der Geschichte der Menschheit.

Und noch besser für die marodierenden Bankerbanden: An Reparationen, Rückzahlungen oder Herausgabe der Beute ist ja nicht zu denken. Es wird keine internationalen Prozesse zur Aburteilung der Rädelsführer geben, Mitläufer müssen sich nicht auf Befehlsnotstand berufen oder in Schutzbehauptungen wie das Ausführen von Anordnungen flüchten.

Im Gegenteil: Die Bestohlenen dürfen nun die vor ihrer Nase und unter dem Applaus der meisten sogenannten Wirtschaftsanalytiker und Fachleute abgeräumten Milliarden ersetzen und nebenher auch noch die Kollateralschäden bezahlen. Während fast alle Gauner, abgesehen von den Dummköpfen, die zu gierig waren und juristisch verwertbare Spuren hinterließen, auf ihren Yachten durch die Meere schippern, von den Terrassen ihrer Penthäuser den Sonnenuntergang genießen oder im Privatjet zu den exklusivsten Golfplätzen und Luxusresorts der Welt düsen. Davon kann jeder Bankräuber nur träumen. Aber er hat halt seinen Beruf verfehlt: Besser wäre er Banker geworden.